아이와 함께 있어 주기

THE POWER OF SHOWING UP

Copyright ⓒ 2020 by Daniel J. Siegel, M.D., Tina Payne Bryson, Ph.D.
This translation published by arrangement with Ballantine Books, an imprint of Random House, a division of Penguin Random House LLC
All rights reserved.

Korean Translation Copyright ⓒ 2024 by Signature Publishing.
This translation is published by arrangement with
Random House, a division of Penguin Random House LLC
through Imprima Korea Agency.

이 책의 한국어판 저작권은 Imprima Korea Agency를 통해
Random House, a division of Penguin Random House LLC와의
독점 계약으로 ㈜시그니처(도서출판 쌤북스)에 있습니다.
저작권법에 의해 한국 내에서 보호를 받는 저작물이므로
무단전재와 무단복제를 금합니다.

부모 자녀 관계를 결정짓는 뇌과학 기반 애착 양육의 모든 것

아이와 함께 있어 주기

THE POWER OF SHOWING UP

대니얼 J. 시겔 / 티나 페인 브라이슨 지음
최은석 / 김순희 / 김쌍희 / 박민서 / 박현경 옮김

쏭북스

아이와 함께 있어 주기

초판 1쇄 발행 | 2024년 7월 22일

지은이 | 대니얼 J. 시겔, 티나 페인 브라이슨
옮긴이 | 최은석, 김순희, 김쌍희, 박민서, 박현경
펴낸이 | 송미진

펴낸곳 | 도서출판 쏭북스
출판등록 | 제2016-000180호
주소 | 서울시 마포구 큰우물로 75 1308호(도화동, 성지빌딩)
전화 | (02)701-1700
팩스 | (02)701-9080
전자우편 | ssongbooks@naver.com
홈페이지 | www.ssongbooks.com
ISBN 979-11-89183-19-6 (03370)
ⓒ대니얼 J. 시겔, 티나 페인 브라이슨, 2024
값 19,000원

- 이 책은 저작권법에 따라 보호를 받는 저작물입니다. 무단 전재와 복제를 금합니다.
- 이 책 내용의 전부 또는 일부를 사용하려면 반드시 저작권자와 도서출판 쏭북스의 동의를 받아야 합니다.
- 잘못된 책은 구입하신 서점에서 교환해 드립니다.
- 도서출판 쏭북스는 주식회사 시그니처의 브랜드입니다.
- 도서출판 쏭북스의 문을 두드려 주세요. 그 어떤 생각이라도 환영합니다.

우리가
함께 하지 않는 날이 온다면…
넌 네가 생각하는 것보다 용감하고,
강하고, 똑똑하다는 것을 기억해…
하지만 가장 중요한 것은
우리가 떨어져 있더라도…
나는 항상 너와 함께 있을 것이란 사실이야.

크리스토퍼 로빈이 곰돌이 푸에게

『푸의 대모험』 중에서

들어가며

아이를 돌보는 모든 '불완전한 부모'를 위해

양육에 대한 글을 쓸 때마다 우리가 반복해서 말하는 한 가지는 '완벽할 필요가 없다'는 것이다. 그런 사람은 아무도 없다. 흠잡을 데 없는 양육 같은 것은 없다. (당신은 안도의 숨을 깊이 내쉬면서 잠시 멈출 것이다.)

그러니 불완전한 부모인 우리 모두, 서로에게 격려를 보내자. 대부분은 어느 정도 알고 있다. 하지만 많은 부모들, 특히 헌신적이고 생각이 깊으며 계획적인 이들은 항상 불안하고 부족하다는 생각에 사로잡힌다. 물론 우리는 아이와 아이의 안전에 대해서도 걱정하지만, 우리의 양육 방식이 '충분히 올바른지'에 대해서도 걱정한다.

우리는 아이들이 책임감, 회복탄력성, 관계성 등 많은 것들을 갖추지 못하고 성장하게 될까 봐 걱정한다. 아이들을 실망시키거나 다치게 할까 봐, 충분한 관심을 주지 않는다거나 혹은 너무 많은 관심을 쏟고 있다고 걱정한다. 심지어 너무 많이 걱정한다고 걱정한다!

우리는 이 책을 아이에 대해 깊이 마음 쓰는 모든 불완전한 부모들(불완전한 조부모, 선생님, 전문가, 그리고 아이를 돌보는 다른 모든 사람들)을 위해 썼다. 위로와 희망을 가득 담아 핵심 메시지를 하나 전한다.

아이와 함께하는 상황에서, 어떻게 대처해야 할지 잘 모를 때는 걱정하지 말라. 언제나 할 수 있는 좋은 방법이 있다. 걱정하거나, 완벽한 기준에 맞추려고 애쓰지 말라. 대신 함께 있어 주라. 이 말은 단순히 존재하는 것을 넘어 당신이 '아이들을 위해' 거기에 있다는 것을 의미한다. 그것은 물리적으로 존재하는 것뿐만 아니라 존재의 질을 제공하는 것이다. 아이들의 욕구(Need)를 충족시키고자 할 때 함께 있어 주는 것이다.

즉 아이들에게 사랑을 표현할 때, 훈육할 때, 함께 웃고 있을 때, 심지어 논쟁할 때도 그렇게 하라. 완벽할 필요는 없다.

당신은 양육 분야 베스트셀러를 모두 읽거나, 아이들에게 좋다는 부모 교육, 기타 활동을 신청하지 않아도 된다. 헌신적인 공동 육아를 할 필요도 없다. 내가 지금 무엇을 하고 있는지 정확히 알 필요도 없다.

그냥 함께 있어 줘라

함께 있어 준다는 것은 당신이 온전하게, 당신의 존재 전체로 아이에게 집중한다는 것을 의미한다. 함께 있어 주는 그 순간 우리는 정신적, 정서적으로 아이들을 위해 존재한다.

'지금 이 순간' 말고는 시간이 없다. 당신은 부모로서 스스로에게 큰 힘을 갖고 아이의 회복탄력성과 힘을 증진하기 위해서 함께 있어 주는 방법을 배울 책임이 있다.

우리가 일상에서 실수하더라도, 아이들에게 단단한 마음을 가질 수 있게 해주는 것은 바로 이 현존의 힘이다.

성장 환경, 어린 시절 양육 방식에 따라 아이와 함께 있어 주는 것이 자연스러울 수도 있고 혹은 반대로 힘들 수도 있다. 어쩌면 당신은 스스로 물리적으로든 정서적으로든 일관된 방법으로 아이와 함께 있어 주지 않고 있다는 것을 알아차렸을지도 모른다.

앞으로 우리는 어린 시절 경험과 관계없이 어떻게 하면 자신이 원하는 부모가 될 수 있는지, 그리고 어떻게 그것을 지속할 수 있는가에 대해 이야기할 것이다.

물론 우리 모두는 부모로서 더 나은 결정을 내리기도 하고 더 나쁜 결정을 내리기도 한다. 그리고 우리에게는 아이들이 최적의 방식으로 성장하도록 도울 수 있는 모든 종류의 기술들이 있다.

그러나 당신이 양육에 대해 진지하게 관심을 기울인다면 양육이란 '아이들을 위해 존재하는 것(현존)'에 관한 것임을 알게 될 것이다.

아동 발달에 대한 종단 연구는 '아이와 함께 있어 주면서 애착 발달을 도와준 사람이 단 한 명이라도 있었는가'라는 점이 아이가 어떤 사람이 될지를 예측할 수 있는 가장 확실한 변수라는 것을 보여 준다.

이것은 행복, 사회 정서적 발달, 리더십, 의미 있는 관계, 심지어는 학업과 직업적 성공 등 모든 측면에서 나타난다. 전 세계 문화 전반에 걸친 연구들은 흠 없이 잘 양육하는 방법에 대한 보편적인 결과를 보여 준다.

그리고 좋은 소식은 이러한 실증적인 연구들을 집대성하여 전 세계의 모든 불완전한 부모가 쉽게 찾아볼 수 있게 만들었다는 것이다. 그것이 이 책의 내용이다.

우리는 최근 우리의 책 『예스 브레인』(김영사, 2019)에서 부모들에게 자주 받는 질문인 "아이에게 키워 줘야 할 가장 중요한 자질은 무엇인가요?"에 대해 답했다. 그 책에서 우리는 아이가 행복하고, 성공적이면서 좋은 관계를 맺고, 의미 있는 삶을 사는 성인으로 성장하도록 돕기 위해 부모가 아이에게 심어 주어야 할 근본적인 자질에 대해 이야기했다.

지금 당신이 들고 있는 이 책은 다른 질문에 대해 대답한다. 아이의 자질보다는 부모의 양육 방법에 더 초점을 맞추고 있다.

아이가 이 세상에서 편안함을 느끼고 성공하도록 돕기 위해 부모가 할 수 있는 가장 중요한 일은 무엇인가?

이 질문이 '아이에게 어떤 기술과 능력을 키워 줄까'보다는 '아이와의 관계에 어떻게 접근할까'에 초점을 맞추고 있다는 점에 주목하라.

우리의 대답은 간단하다. (그러나 결코 쉬운 것은 아니다.)

우리는 '함께 있어 준다'는 말의 의미를 설명하고, 이것이 얼마나 중요한지 알려 줄 생각에 너무나도 설렌다.

아이 양육에 관한 모든 논의와 논쟁을 접어두고서 아이가 인생에서 행복하고 건강하게 관계를 즐기고 성공할 수 있도록 돕는 핵심 개념을 하나로 요약하기를 바랄 수는 없다. 우리는 언제나 아이를 키우는 '하나의 진정한 방법'을 제공하는 단순한 공식이나 소위 마법의 특효약 같은 것이 있다는 생각은 피하려고 한다. 양육이란 복잡하고 도전적이다. 양육에 대한 대부분 질문에 대한 답은 부모뿐만 아니라 아이의 나이와 발달 단계, 전반적인 상황, 아이의 기질 등에 따라 달라진다.

말하자면 사실상 양육의 모든 문제와 딜레마는 관계라는 개념으로 귀결되기 때문에, 우리는 이 점에 초점을 맞추어 이야기할 것이다.

당신이 우리의 다른 책인 『내 아이를 위한 브레인 코칭』, 『아이의 인성을 꽃피우는 두뇌 코칭』, 『예스 브레인』 등에 대해 알고 있다면, 그 책들을 하나로 모아 '그 모든 것들이 무엇에 관한 것이었는지'를 이 책을 통해 알게 될 것이다. 아직 그 책들을 읽지 않았다면 『아이와 함께 있어 주기』는 지난 몇 년간 우리가 쓴 모든 것에 대한 훌륭한 입문서가 될 수 있다.

'함께 있어 주기'의 중요성에 대해 소개할 기회를 갖게 되어 감사드린다.

댄과 티나

차례

| 들어가며 | 아이를 돌보는 모든 '불완전한 부모'를 위해 | 006 |

Chapter 1

지금 이 순간 아이와 함께 있다는 것은?

더 행복하고 더 많은 성취를 이루는 아이들의 비밀	019
부모가 아이의 마음을 볼 때	024
아이가 우리를 필요로 할 때 함께 있는 것	029
이보다 더 중요한 것은 없다	032
비록 당신이 부모로부터 받지 못했다 하더라도	039

Chapter 2

왜 어떤 부모는 그렇게 하지 못할까?
- 애착 육아의 A to Z

당신이 되고 싶은 부모가 되는 법	051
아이의 마음은 유대로 성장한다	055
애착 육아와 '낯선 상황' 실험	060
자기 주도적인 자율성 있는 성인	068
회피와 무시 애착	072
양가 애착과 몰두 애착	085
부모가 공포가 되는 혼란 애착	093
우리의 인생 이야기를 이해한다는 것	108
당신 탓이 아니다	116

안전 - 아이가 안전하다고 느끼게 돕기

배우자의 양육 방식에 문제가 있다면	129
내면의 안녕감에 도달하는 아이	135
학대나 방치로부터 보호하려면	140
부모가 위험이 되는 공포	149
부모의 또 다른 행동들	154
아이는 모두 다르다	158
안전 전략 1. 해를 끼치지 마라	165
안전 전략 2. 필요하다면 사과하라, 함께 웃어라!	169
안전 전략 3. 당신이 바로 그 안전한 항구다	174

관심 - 아이가 관심받고 있다고 느끼게 하려면

완벽한 부모가 되라는 건 아니다	185
건강한 관계의 기본은	191
그때 어떤 일이 일어날까?	198
아이는 당신을 보고 있다	205
'관심' 대신 '수치심'을 준다면	210
관심 전략 1. '할 수 없는 것'과 '하지 않으려는 것'을 구분하라	217
관심 전략 2. 아이를 이해할 시간과 공간을 만들어라	227

Chapter 5

진정 - 자신의 감정을 이해하고 조절하려면

"괜찮을 거야, 내가 항상 함께 있을게"	239
자신의 감정을 조절하는 아이로 키우고 싶다면	247
진정시키기와 그린 존	253
감지하고 이해하고 응답하라	261
관대한 양육이라는 오해에 대해	266
진정 전략 1. 스스로 진정할 수 있는 도구를 개발하기	272
진정 전략 2. P-E-A-C-E를 제공하라	283

Chapter 6

안정 - 3가지 S를 모두 모으기

부모와 아이, 양쪽 모두가 패하는 상황	301
네 번째이자 궁극적인 S, 안정	306
안정 기지: 안전한 피난처이자 발사대	315
"아이들의 응석을 받아 주라는 겁니까?"	320
긍정적인 스트레스, 견딜 만한 스트레스, 그리고 유독한 스트레스	326
안정 전략 1. 관계의 신탁예금에 투자하라	331
안정 전략 2. 마인드사이트 기술을 가르쳐라	340

나오며	과거는 운명이 아니다	351
옮긴이의 글	당신이 원하는 부모의 모습이 될 수 있다는 선물	356

특별한 방법이 있는 것은 아니지만 이 책을 좀 더 편하게 이해하면서 읽을 수 있도록 몇 가지 알려드립니다.

이 책은 최신의 과학적인 연구를 근거로 하고 있습니다. 특히 애착 과학에 대한 이해는 책의 모든 부분에서 자주 언급되는 내용에 대한 배경지식이 되기에 2장을 꼭 읽기를 권합니다. 그러나 과학적 탐구에 흥미를 덜 느끼는 분은 2장을 건너뛰고 나중에 다시 읽어 보는 것도 좋습니다.

각 장에는 부모 자신이 스스로 이해하고 자신의 과거 애착 이력을 성찰하게 돕는 팁을 제공하고 있습니다. 3장부터 6장까지 각 장 마지막에 부모가 자신을 스스로 재양육할 수 있는 방법들을 소개했습니다. 방해받지 않고 스스로 성찰할 수 있는 장소와 시간을 마련하여 꼭 해보시길 바랍니다.

우리는 부모교육에서 실제 이 방법대로 성찰하신 분들이 변화하는 모습을 종종 보았습니다. 이 과정은 당신의 과거에 대하여 당신의 뇌가 일관된 서사를 다시 정립하도록 만드는 중요한 계기가 될 것입니다. 바로 애착 과학자들이 말하는 '획득된 안정 애착'을 부모인 당신 안에 만드는 작업입니다.

THE POWER OF SHOWING UP

Chapter 1

지금 이 순간
아이와 함께 있다는 것은?

더 행복하고 더 많은 성취를 이루는 아이들의 비밀

양육자가 아이를 돌볼 때, 완벽하진 않지만 아이가 예측할 수 있게 한다면 그 아이는 아주 힘든 상황에서도 최선을 다한 결과를 즐길 것이다.

양육이 예측 가능해야 하는 이유

'예측 가능한 보살핌'은 건강하고 믿어 주는 관계를 뒷받침한다. '함께 있어 주기'의 4가지 S 요소는 다음과 같다.

첫째, 안전(Safe). 아이들이 위험을 피하고 보호받고 있다고 느낄 수 있도록 돕는 것.

둘째, 관심(Seen). 당신이 아이들을 돌보고 관심을 기울인다는 것을 알게 하는 것.

셋째, 진정(Soothe). 아이들이 아플 때 당신이 그들을 위해 곁에 있을 것이라는 것을 알게 하는 것.

넷째, 안정(Secure). 위의 세 가지 요소를 기반으로 하여 아이들이 바깥세상에 나가서도 '집'에 있는 것처럼 안정감을 느끼도록 당신이 도와줄 것이라고 믿게 하는 것.

이 네 가지를 통해 이제는 아이들이 안전하고, 관심받으며, 진정되는 방법을 스스로 배우게 된다.

아이들에게 4S를 줄 수 있게 되면 불가피하게 연결에 균열이 생기더라도 그때마다 고쳐 나가면서 아이들이 '안정 애착'을 경험하도록 돕게 된다. 이것은 최적의 건강 발달을 위해 절대적으로 중요하다.

애착 과학 분야와 함께 양육과 뇌에 대한 이해가 계속 성장 진화하고 있다.

애착 과학 외에도 우리의 작업을 뒷받침하는 또 다른 주요한 과학 체계는 대인관계 신경생물학(IPNB, Interpersonal Neurobiology)이 있다. 이것은 마음과 정신의 번성이 무엇인지에 대해 과학의 다양한 분야들을 한 가지 관점으로 통합하는 접근법이다.

IPNB는 우리의 감정, 생각, 주의와 인식 등을 포함한 마음과 뇌, 그리고 몸 전체가 우리의 정체성을 구성하기 위해 서로, 그리고 우리 주변 세계와 관계 안에서 어떻게 깊게 연결되어 있는지에 대해 탐구한다.

IPNB 분야에는 정신건강과 인간발달의 과학을 탐구하는 전문 교과서가 수십 권(지금은 70여 권)이 있다. IPNB에 의해 통합된 분야 안에는 뇌에 대한 학문뿐만 아니라 애착에 대한 연구도 있는데, 여기서는 뇌가 경험에 반응하여 어떻게 변화하는지를 중점적으로 다루고 있다(신경가소성).

신경가소성은 뇌의 실제 물리적 구조가 새로운 경험과 정보에 어떻게 적응하고, 스스로 재구성하는지, 그리고 우리가 보고 듣고 만지고 생각하고 실행하는지 등을 통해 새로운 신경 경로를 어떻게 만드는지 설명한다.

주의를 기울이는 모든 것, 경험, 그리고 상호작용에서 강조되는 것이 뇌에 새로운 연결고리를 만든다. 주의가 가는 곳에는 뉴런의 발화가 일어난다. 뉴런이 발화하는 곳에서 연결과 함께 결합이 일어난다.

이것이 '함께 있어 주기'와 무슨 관련이 있을까?

아이의 삶에서 당신이 신뢰할 수 있는 사람으로 함께 있어 주는 것은 아이들 뇌의 물리적 구조와 연결에 큰 영향을 미치고, 세상이 작동하는 방식에 대한 정신적 모델과 기대치를 만들어 준다. 정신적 모델이란 뇌가 수많은 반복적 경험을 일반화하여 만들어 내는 요약본이다. 그러한 정신적 모델은 과거에 의해 만들어져서, 현재의 경험을 걸러내고, 미래의 상호작용을 예측하고 때로는 어떻게 조각할지를 형상화한다. 정신적 모델은 애착과 기억의 기초가 되는 신경망의 구조 안에서 형성된다.

아이의 삶에서 당신은 신뢰할 수 있는 사람인가?

정말 그렇다. 아이가 관계에서 경험하는 것은 글자 그대로 뇌의 물리적 구조를 형성한다. 뇌에서의 이러한 연결은 하나하나 차례대로 마음이 작동하는 방식에 영향을 미친다. 즉 부모가 지속적으로 '함께 있어 줄' 때, 아이는 문제와 고통으로 가득할 때라도 '세상은 이해할 수 있고 의미 있는 상호작용이 이루어질 수 있는 곳'이라고 기대하게 된다.

왜냐하면 당신과 함께 한 경험이 아이의 뇌가 정보를 처리하는 방식을 형성하기 때문이다. 뇌는 이전에 일어난 일을 기반으로 특정 현실을 예측하는 법을 배운다.

즉 아이들은 이전 경험을 바탕으로 다음에 올 일을 예측할 것이다. 그래서 당신이 함께 있어 줄 때 아이들은 다른 사람들과 자기 자신으로부터 긍정적인 상호작용을 기대하게 된다. 좋을 때와 나쁠 때, 부모인 우리와의 상호작용을 통해서 자신이 누구인지, 그리고 자신이 무엇이 될 수 있고, 되어야 하는지를 배운다. 그러므로 '함께 있어 주는' 것은 아이들에게 자아성취, 강인함, 회복탄력성으로 이어지는 신경 경로를 만들어 낸다.

그렇게 함으로 아이들이 더 행복하고 더 많은 성취를 하게 만들 뿐만 아니라 정서적, 관계적으로, 심지어 학업에서도 더 성공하는 기회를 제공한다. 그렇게 되면 아이들은 정서적으로 더 균형 잡히고 일이 뜻대로 되지 않을 때에도 더 잘 대처하기 때문에 양육도 훨씬 쉽다.

부모가 아이의 마음을 볼 때

앞으로 함께 있어 주기의 네 가지 요소에 대해 자세히 설명하겠지만, 그 전에 우리가 가는 방향에 대해 대략적인 개념을 먼저 살펴보도록 하자. 아이들은 안전하고, 관심받고, 진정시켜 줄 때 양육자에게 안정 애착을 갖게 될 것이다.

이 함께 있어 주기의 네 가지 요소는 때때로 서로 맞물리거나 겹친다. 부모들이 애쓰는 것은 결국 아이들의 삶 속에 안정 애착이 형성되도록 돕는 것이다. 안정 애착이 형성되면 아이는 그 관계를 통해 바깥세상에서도 집에서처럼 안정감을 느끼고, 자신이 누구인지를 아는, 진정한 개인으로서 다른 사람들과 상호작용할 수 있다.

아이는 경직성, 두려움, 반응성보다는 개방성, 호기심, 수용성을 가지고 새로운 기회와 도전과 상호작용하면서 예스 브레인('예스 브레인'이란 삶에 대한 열린 마음과 호기심 가득한 태도를 추구하는 긍정의 뇌 상태를 말한다. -옮긴이)이라고 불리는 세상으로 다가간다. 아이의 전체 뇌는 더 통합된다.

즉 어려운 상황에 직면했을 때에도 뇌를 더 정교하게 사용할 수 있으며, 안정적인 상황에서 자신의 내면세계에 대응할 수 있고, 더 많은 정서적 균형, 회복탄력성, 통찰력, 공감 등을 보여 준다. 이것이 우리가 『내 아이를 위한 브레인 코칭』 책에서 이야기한 것이다. 그 결과 아이는 더 행복할 뿐만 아니라 사회적으로 훨씬 능숙해질 것이다. 즉 다른 사람들과 더 잘 지내고, 협력적으로 문제를 해결하고, 결과를 고려하고, 다른 사람들의 감정에 대해 생각할 수 있다. 요컨대 안정 애착을 형성한 아이는 더 행복하고 더 만족스러울 뿐만 아니라 부모와 함께 있고, 부모에게 더 쉽게 다가갈 수 있다.

물리적으로 함께 있는 것 이상의 의미

예를 들어 네 가지 S 중에서 첫 번째 요소를 생각해 보자. 안정의 절대적 요건은 안전하다고 느끼는 것이다. 아이들은 신체적으로, 정서적으로, 그리고 관계에서 보호받고 있다고 느낄 때 안전하다고 느낀다. 부모가 할 첫 번째 일은 아이를 안전하게 지키는 것이다. 안전하다고 느끼는 것은 안정 애착을 향한 첫 단계다.

아이들은 자신이 안전하다는 것을 느끼고 알아야 한다. 그들은 부모가 신체적 위험으로부터 보호해 줄 것이고, 또한 정서적으로나 관계에서도 안전하게 지켜줄 것이라고 믿을 수 있어야 한다. 그렇다고 부모가 실수하거나 마음 상하게 하는 말이나 행동을 해서는 안 된다는 말이 아니다. 우리는 그런 행동을 많이 할 것이다. 하지만 우리가 아이들을, 혹은 아이들이 우리를 엉망으로 만들 때, 우리는 가능한 한 빨리 그 피해를 회복한다.

실수를 하고 심지어 거친 말을 할 때에도 우리는 여전히 서로를 사랑하고 상황을 바로잡고 싶어 한다. 이 마음을 지속적으로 전할 때 그들은 안전하다고 느끼게 된다. 그들은 이렇게 배우게 된다.

기억하자. 핵심은 고치고, 고치고 또 고치는 것이다. 완벽한 양육은 없다.

함께 있어 주기의 네 가지 요소 중 두 번째는, 아이들이 관심받고 있다고 느끼게 하는 데 초점을 둔다. 양육에 있어서 큰 부분을 차지하는 것은 아이들과 단순히 물리적으로 '함께 있어 주는' 것이다. 그들의 연주발표회에 참석하고, 함께 시간을 보내고, 함께 놀고, 책을 읽는 등 많은 일을 함께 하는 것이다.

'양적인 시간'은 중요하다. 당연히 그렇다. 하지만 관심을 준다는 것은 단지 물리적으로 함께 있는 것 이상의 의미이다.

그것은 아이들의 마음속에서 일어나고 있는 것, 즉 그들의 내적 감정, 생각, 기억 등 행동 이면의 마음속에서 일어나고 있는 모든 것에 우리의 주의를 집중하는 것이다. 진정으로 아이를 본다는 것은 그들의 긍정적이고 부정적인 감정 모두에 주의를 기울이는 것을 의미한다.

매일 매초가 아니다. 아무도 그렇게 할 수 없다.

우리는 계속해서 아이들의 기쁨과 성취를 축하하고, 아이들이 불가피한 고통을 겪을 때면 함께 상처 입는다. 우리는 그들의 내면을 알게 된다. 그것은 정서적으로나 관계적으로 함께 있어 주고, 우리 아이들을 위해 그곳에 있고, 누군가를 사랑하고 돌보는 것이 무엇을 의미하는지를 가르친다는 뜻이다.

이것이 우리가 아이들을 공감하는 방법이며, 단순히 아이들의 외적인 행동을 관찰하는 것 이상으로 그들 마음 안에서 무슨 일이 일어나고 있는지를 우리가 느끼는 것이다. 우리가 완벽하지도 않고 모든 순간에 그럴 수도 없지만, 함께 있을 것이라는 것을 알게 될 때, 아이들은 깊은 안정으로 이어지는 정신적 모델을 구축할 것이다.

연구에 의하면 우리가 아이의 마음을 볼 때 아이도 자신의 마음을 보는 법을 배우게 된다. 이 능력을 '마인드사이트(Mindsight)'라고 부르는데, 정서와 사회적 지능의 핵심이다.

좋은 소식은 비록 당신이 살면서 마인드사이트를 배워본 적이 없더라도 성인이 되어서 그것을 발달시키는 방법을 배울 수 있으며, 그렇게 되면 당신의 아이에게 마인드사이트를 제공할 수 있다는 것이다. 그러면 당신이 어렸을 때 기회조차 없었던 것을 아이는 배울 수 있게 된다. 이제 그것은 가족들이 소통하는 방식을 계속해서 좋은 쪽으로 바꿀 수 있는 선물이 된다.

아이가 우리를 필요로 할 때 함께 있는 것

 아이가 부모와 함께 있다고 느끼고 마인드사이트를 통해 스스로의 마음을 인지하는 것을 배울 때, 비로소 다른 사람도 잘 이해할 수 있다. 부모가 관심을 가지고 있다는 느낌을 경험하게 해서 아이가 안전하다고 느끼게 하라. 그러면 아이는 안정과 의미, 그리고 기쁨으로 가득한 삶을 살 수 있는 길로 잘 가게 될 것이다.
 우리는 아이들이 안전하고 돌봄을 받고 있다고 느끼게 할 뿐만 아니라, 가장 힘들 때에 진정되는 것을 느낄 수 있길 바란다. 그렇다고 우리가 아이들을 모든 고통과 불편함에서 구해야 하는 것은 결코 아니다. 알다시피 어려운 순간이야말로 가장 많이 배우며 가장 크게 성장하는 계기가 된다.

"너 혼자서 고통을 겪게 하지는 않을 거야"

　우리는 아이들이 나이와 성장 단계에 따라 친구, 교사 그리고 다른 사람들과 갈등이 일어날 때 그 힘든 시기를 경험할 수 있도록 허용해야 한다. 다시 말하자면 우리가 아이들을 진정시키는 것은 그들이 인생이라는 바다에서 필연적으로 마주치게 될 파도를 없애주는 것이 아니다. 그 파도를 타는 것을 가르치고, 우리를 필요로 할 때 아이들과 함께 있는 것이다. 아이들은 그 힘든 시기에도 우리가 지켜보고 있을 것이라는 사실에 대해 의심의 여지가 없어야 한다. 그 핵심에는 상처받고 있을 때, 심지어는 최악의 상황일 때조차도 우리가 거기에 있을 것이라는 것을 그들이 알아야 한다는 것이다.
　아이들이 '인생은 고통을 동반한다'는 사실을 배우도록 두어야 하지만, 동시에 그들이 결코 혼자 고통을 겪지는 않을 것이라는 인식을 확실히 갖게 해야 한다.
　안전하고, 관심받고, 진정되는 느낌은 예측 가능성을 기반으로 하는 네 번째 요소인 안정으로 이어진다. 다시 말하지만 완벽해야 한다고 말하는 것이 아니다.

  누구도 실수 없이 양육할 수는 없다. 아이들이 당신에게 의지할 수 있다는 것을 알려주는 것이 중요하다. 당신이 그들을 안전하게 지키기 위해 할 수 있는 모든 것을 할 것이고, 그들이 관심받는다고 느낄 수 있도록 최선을 다할 것이며, 일이 제대로 풀리지 않을 때 그들을 진정시키기 위해 그곳에 당신이 함께 있을 것이라고 믿을 때 아이들은 비로소 안정을 얻게 된다.

이보다 더 중요한 것은 없다

'함께 있어 주기'의 네 가지 요소는 신경 생물학적으로 볼 때 통합된 뇌로 나타난다. 이때 신경계는 탄력적이고 스트레스에 장기적으로 머물지 않는다. 결과적으로 아이들은 자신이 안전하고, 사랑과 대인관계가 일관성 있고 그들의 삶에 실재하며, 바깥세상에서도 집에 있는 듯한 안정감으로 어려운 상황을 잘 다룰 수 있다는 가정 아래 삶에 가까워질 수 있다는 것이다.

당신은 '함께 있어 주기'가 아이들에게 지속적으로 안전, 관심, 진정, 안정을 느끼게 하는 힘을 가지고 있다는 것을 알 수 있다. 하지만 분명히 하자. 함께 있어 주는 것이 양육의 최종 목표는 아니다. 그보다는 당신이 원하는 결과를 향해 나아가기 위한 수단이라고 할 수 있다. 실제 목표는 안정 애착이라고 불리는 것이다. 아이에게 필요한 것은 이것이다. 아이들에게 이것보다 더 중요한 것은 없다. 안정 애착은 아이들의 평생 만족도와 행복을 증가시킨다. 뿐만 아니라 그들의 정체성, 질적인 관계, 학업과 직업에서의 성공, 심지어 뇌의 발달 방식까지도 최적화한다.

좀 더 구체적으로 살펴 보자. 연구를 거듭한 결과 안정 애착이 형성된 아이들은 다음 페이지에 소개된 많은 혜택들을 누릴 가능성이 더 높다는 것이 입증되었다.

다음의 목록을 보라. 이것들이 양육의 궁극적인 목표가 안정 애착이라고 말하는 이유가 된다. 간단히 말해서 아이들이 양육자와 안정 애착을 경험할 때 학교, 관계, 그리고 삶에서 성장할 수 있는 훨씬 더 큰 기회를 갖게 된다.

그렇다면 어떻게 당신의 아이들에게 그런 안정 애착을 갖게 할 수 있을까? 그렇다. 함께 있어 주는 것이다.

과학적 연구는 아이들이 발달 단계를 거쳐서 어떤 사람이 될지 예측할 수 있는 변수들 중 가장 확실한 한 가지를 반복적으로 보여 준다. 즉 그들에게 정서적으로 조율하고 그들을 위해 존재한(함께 있어 주는) 사람이 적어도 한 사람이라도 있었는가 하는 것이다. 이 모든 것은 매우 단순하다. (그러나 늘 쉬운 것은 아니다.)

아이들에게 건강하고 최적의 발달을 위한 최선의 기회를 주기 위해, 우리 모두가 해야 할 일은 그들이 안전, 관심, 진정, 안정을 느낄 수 있도록 하는 것이다. 그러기 위해서는 단지 그들과 함께 있어 주면(현존하면) 된다. 즉 있는 그대로의 그들을 수용하고 그들에게 안정의 경험을 제공하는 것이다.

'함께 있어 주기'는 이 네 가지 요소들로 안내하는 다섯 번째 요소라고 생각할 수도 있겠다.

안정 애착이 있는 아이들은…
- 높은 자존감
- 부모와 더 행복한 관계
- 감정 조절 능력
- 더 강력한 리더십 자질
- 더 큰 학업 성취
- 더 큰 자기 주체성
- 스트레스 대처 능력
- 어른이 되어서 신뢰할 수 있고 우호적인 연애 관계
- 유치원 친구들과 더 적극적으로 어울림

- 더 높은 공감 능력
- 중기 아동기(6~12세) 때 더 친밀한 교우 관계
- 전반적인 사회적 역량 증대
- 청소년기의 더 활발한 사회 참여
- 인생에 대한 더 큰 신뢰

삶의 폭풍우를 헤쳐 나가는 아이 곁에서 함께 걷는 일

안정 애착이 이러한 긍정적인 결과를 가져오는 데에는 몇 가지 주요한 이유가 있다. 우선 당신이 아이들과 함께 있어 줄 때, 아이들은 전반적으로 안전과 안정을 느낀다. 그들은 세상에 대한 소속감을 가지기 때문에 일이 잘 풀리지 않을 때에도 괜찮다는 것을 안다.

정리해보면 아이들이 좌절과 난관에 부딪칠 때 안정 애착이 중재 역할을 한다는 것이다. 안정 애착은 아이들이 부정적인 상황과 감정을 경험하지 못하게 막는 것이 아니다. 어쨌든 그들은 실망, 시련, 불만족 등은 말할 것도 없이 인생의 고통을 계속 경험할 것이다.

부모로서 당신이 할 일은 그들이 난관과 실패의 경험을 못하게 막는 것이 아니라 삶의 폭풍우를 헤쳐 나가는 데 필요한 도구를 제공하고, 정서적 회복력을 키워주고, 그 폭풍을 헤쳐 나가는, 그들 곁에서 함께 걷는 것이다.

안정 애착은 스케이트보드 헬멧 같은 정서적 보호 장비라고 할 수 있다. 헬멧을 쓴다고 사고가 나지 않는 것은 아니지만, 만약 사고가 일어난다 하더라도 그것은 완전히 다른 결과를 초래할 수 있다.

마찬가지로 안정 애착을 가진 아이도, 자라면서 겪게 되는 고통과 실망은 피하지 못할 것이다. 친구의 생일 파티에 초대받지 못했을 때 거부당했다는 생각을 하게 될지도 모른다. 그리고 나이가 들어서도, 첫사랑의 상대에게 마음의 상처를 받을지도 모른다. 하지만 이런 문제들이 일어날 때, 아이는 그 파티에 초대받지 못한 것에 탄력적으로 대처할 수 있는 감정 보호 장치를 가지게 된다. 영원히 지속되는 단단한 자아감을 갖고서 가슴 아픈 고통을 극복할 것이다.

안정 애착은 트라우마 경험, 환경적 스트레스, 발달상 또는 의학적, 유전적 문제, 학습 장애 등과 같은 특별한 어려움에 처해 있는 아이들의 문제를 완화할 수 있다.

진실은 단순하다. 어떤 아이들은 가파른 오르막길에서 자전거 페달을 계속 밟는 것처럼 삶을 더 힘들게 느낄 수 있다. 당신이 중력을 제거하거나 언덕을 평평하게 만들 수는 없겠지만, 지속적으로 '함께 있어 주기'의 네 가지 요소를 제공할 수 있다면 비탈의 경사를 조절하여 적어도 페달을 밟는 것이 아주 힘들지는 않게 할 수 있다.

다시 말하지만 아이가 직면하는 많은 어려움들을 없애주라는 말이 아니다. 당신의 사랑과 존재로 그 어려움을 부드럽게 해주고, 일어나는 장애물을 더 쉽게 처리할 수 있도록 도울 수 있다는 말이다. 그러면 아이는 자기 자신과 함께 있는 법, 그리고 도움이 필요할 때 다른 사람에게 건강하게 의지하는 방법 둘 다 배울 수 있다. 그리고 상황이 어려워질 때 아이 내면의 정서적 회복탄력성은 자기가 무엇을 해야 하는지 알 수 있도록 도와줄 것이다.

어떤 아이들에게는 삶이 유난히 더 어렵다

어려운 상황에서 지원이 충분하지 않을 때 우리는 '아이들과 함께 있는 것'만으로 그 어려움을 더 쉽게 만들 수 있다.

또 어려운 선택을 할 때도 마찬가지다. 연구는 이를 매우 분명하게 보여 준다.

실제로 자의식과 정서적 회복탄력성처럼 개인적이고 내적인 기술 같은 것은 아이들이 성장하면서 겪는 대인관계, 즉 양육자와의 관계, 다른 사람들과의 관계로부터 발달한다. 안정적으로 애착된 아이들은 감정을 더 잘 조절하며 좋은 결정을 내릴 수 있다. 그들은 결과와 다른 사람의 관점을 고려하고, 해롭고 파괴적이기보다는 건설적이고 유익한 방식으로 자신을 다루는 데 더 능숙하다. 이것은 또한 두 사람 사이의 관계를 더 편하게 만들어 준다.

안정 애착이 위와 같은 강력한 결과를 만드는 또 하나의 이유는 애착 연구자들이 소위 '안정 기지'라고 부르는 것을 통해서 아이들이 자신의 세계를 탐험할 수 있게 해주기 때문이다.

그것은 아이가 자유롭게 밖으로 나가 수평선 너머에 무엇이 있는지 볼 수 있게 한다. 우리는 부모로서 안전한 피난처만이 아니라 발사대이기도 하다.

비록 당신이
부모로부터 받지 못했다 하더라도

　만약 우리가 있는 그대로의 우리 자신을 알게 된다면, 부모로서 '안정 기지'와 그에 따라오는 모든 것들을 제공하기 위한 최상의 장비를 갖추게 될 것이다. 이것은 자기인식이며, 우리 자신의 이야기를 아는 것이고, 어린 시절이 어떻게 형성되었고 성장해 왔는지를 아는 것이다. 이러한 사실을 바탕으로, 이 책의 상당한 부분은 당신이 자신의 이야기를 이해하고, 양육자로부터 받은 애착의 패턴을 이해하는 데 도움이 되도록 할 것이다.

　부모들이 아이들에게 안정 애착을 얼마나 잘 제공하며, 그들과 함께 있어 줄 수 있을지를 예측할 수 있는 가장 큰 변수는 그들이 자신의 경험에 대해 성찰했는가, 그리고 자신의 양육자에게서 함께 있어 주기의 네 가지 요소를 어느 정도 느꼈는가 하는 점이다.

부모들이 아이에게 안정 애착을 제공하기 위해서는 그들 자신이 잘 양육 받았어야 한다고 말하지 않은 점에 주목하라. 과학은 이에 대해 절망이 아니라 희망이라는 강력한 하나의 메시지를 전달한다. 그것은 비록 우리가 양육자로부터 안정 애착을 얻지 못했더라도, 우리가 자신의 애착 이력을 성찰하고 이해하면, 그것을 우리 아이들에게 제공할 수 있다는 것이다. 이것은 연구로 밝혀진 아주 신나는 소식이다!

여기서 다음과 같은 점을 강조하고자 한다. 비록 당신이 부모로부터는 받지 못했더라도, 아이에게는 정말로 안정된 사랑의 기초를 마련해 줄 수 있다.

과거를 이해하면 답습하지 않을 수 있다

이를 위해 이 책의 상당 부분은 당신이 어떻게 자랐는지, 그리고 그 관계가 당신에게 어떤 영향을 주는지에 대한 명료함을 가능한 많이 얻을 수 있도록 돕는 것을 목표로 했다. 당신의 지난 과거에 대해 '일관된 이야기'라고 부르는 것을 개발한 다면, 당신은 부모로서 훨씬 더 의도적이고 일관될 수 있으며, 효과적인 방식으로 아이들과 함께 있을 수 있다.

그러므로 다음 장부터 시작하여 이 책 전체에서, 우리는 당신이 자신의 삶에서 얼마나 안전하고 관심받았다고 느꼈으며, 진정되었고, 안정을 느꼈는지 탐색할 기회를 줄 것이다. 당신이 자신의 과거와 경험에 대해 이렇게 더 깊이 알게 될 때, 아이들을 위한 함께 있어 주기의 네 가지 요소를 더 잘 제공할 수 있을 것이다. 이것은 이른바 더 일찍, 더 자주 당신이 '함께 있어 줄 수 있다'는 것을 의미한다.

여기서 전반적으로 우리가 전하고자 하는 것은 희망이다. 대인관계 신경생물학(IPNB), 신경가소성, 그리고 애착 과학에서의 최신 연구를 통해 영감을 받은 하나의 선언을 강조하고자 한다. 과거는 운명이 아니다. 우리 자신의 과거를 이해하게 되면 현재와 미래가 과거를 답습하지 않도록 할 수 있다. 우리는 과거로부터 도망칠 필요도 없고, 과거의 노예가 될 필요도 없다.

주의가 가는 곳에 신경이 발화하고 신경이 연결된다는 것을 기억하라. 자신의 인생을 이해하기에 늦은 때란 없다. 자신의 인생을 이해하면, 뇌가 연결되는 방식이 실제로 변화하기 때문에 아이와의 관계뿐만 아니라 당신 자신과의 관계도 완전히 바꿀 수 있다.

이 과정을 하나의 연쇄 반응으로 생각할 수 있다. 양육의 궁극적인 목표는 아이들을 위한 안정 애착이다. 그것은 함께 있어 주기의 네 가지 요소를 제공하는 데서 온다. 그러기 위해서 우리 자신의 이야기, 과거 관계와 애착 이력을 이해해야 한다.

모든 것은 여기서 시작된다. 즉 우리가 양육자로부터 받은 애착의 패턴을 이해하는 것부터다. 이 연결 과정은 다음과 같이 정리할 수 있다.

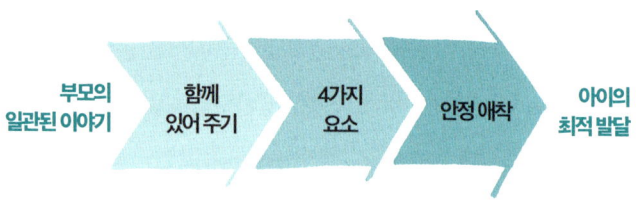

우리는 주로 부모-아이의 역동성에 초점을 맞추고 있지만, 시작하면서 한 가지 강조하고 싶은 것이 있다. 다음 장부터 나눌 모든 아이디어는 모든 관계에 적용된다는 점이다. 우리가 사랑하는 사람과 '함께 있어 주기'를 할 때, 우리의 관계는 번창하고, 뇌도 더 건강하고, 삶은 더 의미 있게 된다. 당신이 부모로서 어떤 상황이든, 이 책은 당신을 위한 것이다.

우리의 이전 책들처럼 여기서도 우리의 초점은 아이들의 뇌에 있으며, 어떻게 하면 발달하는 아이들의 마음을 가장 잘 키워줄 수 있는지에 대해 생각해 볼 수 있는 새로운 방법을 제공하는 데 있다. 어떤 부모들은 다른 관점에서 이 초점에 접근할 수 있다. 이 책을 쓸 때 우리는 네 가지 다른 패턴의 부모들을 염두에 두고 있었다.

첫 번째 패턴은 부모로서 더 잘하고 더 훌륭해야 한다는 강박을 갖고 걱정하는 사람들이다.

그들은 아이들에게 한 실수와 아이들과 함께 할 기회를 놓친 것에 대해 고민한다. 때로는 후회의 형태로("내 아이에게 스페인어를 가르쳐야 했어" 또는 "이번 유소년 야구 경기의 첫 이닝을 놓치지 말았어야 했는데…"), 때로는 미래에 대한 걱정의 형태로("아이가 버릇없이 자라지 않게 보육원에서 자원봉사를 더 많이 하도록 해야 하는데" 혹은 "아이가 친절한 사람으로 자라도록 차 안에서 공감에 대해 가르치는 데 더 많은 시간을 들여야 했었는데…") 나타난다.

그들은 스스로를 고통스럽게 한다. 그리고 무엇보다도 나쁜 점은 그들이 아이에게 실수를 했을 때 자책하고, 자신에게 끊임없이 "내가 더 나아져야 해"와 같은 말을 한다는 것이다.

익숙하게 들리는가? 만약 그렇다면, 여기 우리의 메시지가 하나의 위로가 될 것이다.

당신은 잘하고 있다

당신은 아이와 함께 있어 주고 있다. 그것이 중요하다. 완벽할 필요는 없다. 완벽할 수도 없다. 우리는 모두 평생 동안 배운다. 그냥 아이들 곁에 있어라. 그들을 사랑하라. 훈육의 순간들을 기술을 가르치고 연마하는 기회로 활용하라. 친절, 존경, 그리고 자기 돌봄의 모범을 보여 줘라.

혹시 당신이 연결할 기회를 놓치거나 다른 방식으로 망쳤을 때는 사과하라. 아이들은 모든 장점을 갖춘 부모를 바라지 않으며, 초능력 부모를 필요로 하지 않는다. 그들은 단지 당신을 필요로 한다. 결함이 있는 그대로의 진정한 당신으로 온전하게 있어 주라. 당신이 이런 첫 번째 패턴의 부모라면, 우리는 좀 여유를 가지라고 말하고 싶다.

두 번째 패턴은 매일 직면하기 힘든 어려움에 놓여 있는 부모들이다. 다투고 말썽 피우고, 위기에 처해 있는 아이를 두고 있다. 이 부모들은 그저 아이를 어떻게 다루어야 할지, 매일 직면하는 감당하기 힘든 일들을 어떻게 다룰지에 관심이 있을 뿐이다.

만약 당신이 이와 비슷한 상황에서 고군분투하고 있다면 '아이와 함께 있어 주는 것'이 아이를 위해 필요한 가장 근본적이고 중요한 일임을 깨닫는 것이 도움이 될 것이다. 우리가 다른 책에서 썼듯이 사랑하고 지지해 달라고 외치는 아이를 도울 수 있는 구체적이고 실용적인 전략을 제시할 것이다.

세 번째 패턴은 어린 시절과 청소년기의 아이들을 완벽하게 잘 키워야 한다는 생각에 어찌할 바를 모르고 완전히 압도당한 새로운 부모나 곧 부모가 될 예비 부모들이다.

우리가 논의하는 명확하고 실용적인 이론과 전략들은 첫 양육 시기에 당신이 접근하는 방법에 관해 단지 대단히 중요한 육아 철학을 제공하는 것에 그치지 않는다. 당신이 아이들과 사랑스럽고 의도적인 방식으로 상호작용하는 데 도움이 될 구체적이고 정확한 단계들을 제공할 것이다. 당신은 이 책을 그냥 당신의 새롭고 흥미진진한(그리고 때로는 두려운) 여행에서 가장 중요한 것에 집중할 수 있도록 도와주는, 초보 부모들을 위한 양육 안내서로 생각할 수도 있다.

마지막 패턴으로 아이의 삶에 점점 더 함께 있어 주지 못하고 있는 많은 부모들이 있다. 종종 과도하게 긴 근무 시간과 현대의 가족에게 지워진 많은 요구들 때문에 그렇게 되었을 것이다. 또한 이제는 전자기기의 스크린들에 점점 더 많은 시간을 빼앗기고 있다. 그전에는 부모들이 아이들에게 주었던 관심을 점점 그 장치들로 돌리고 있으며, 부모-아이 간의 상호작용을 위한 기회들이 크게 줄고 있다.

'함께 있어 주기'라는 메시지는 위와 같은 네 가지 패턴의 상황을 판단이나 비난, 수치심 없이 마주하도록 한다. 현실은 명확하다.

우리는 인터넷을 포함한 전자장치로 가득 찬 세상에 살고 있고, 이미 되돌릴 수 없는 상황이다. 스크린은 우리 세계에서 필수적이고 도움이 되는 부분이며, 전자 제품은 우리 모두가 믿고 즐길 수 있는 큰 이점이 있다.

우리는 뭔가 다른 것을 주장하는 것이 아니다. (당신이 지금 이순간 전자기기 화면으로 이 책을 읽고 있다면, 그것은 결코 문제가 되지는 않는다!) 하지만 우리는 이런 장치들이, 부모가 아이들의 삶에 함께 있어 주는 것을 방해할 때는 염려된다.

부모들이 물리적으로는 같이 있지만 아이에게 전혀 관여하지 않았을 때 문제가 된다. 즉 진정으로 함께 있지 않을 때 말이다. 그래서 우리는 당신이 아이들과 함께 시간을 보내는 현실적이고 의도적으로 접근할 수 있는 구체적인 방법을 제시할 것이다.

위에서 말한 패턴 중 어디에 해당하든지 간에 당신이 되기를 원하는 그런 부모가 될 수 있는 방법을 찾고, 그래서 아이들이 풍요롭고, 의미 있고, 연결된 삶을 사는 어른으로 성장하는 데 도움이 되는 희망과 안내 모두를 제공하고자 한다. 우리가 부모에 대해 계속 이야기하지만 한편, 요즈음에는 많은 조부모들과 다른 양육자들이 아이들을 키우는 데 도움을 주고 있다는 것도 잘 알고 있다. 이 책에서 말하는 모든 것은 이런 모든 사람들에게도 적용된다.

덧붙여서 우리는 부모와 다른 모든 양육자를 지원하는 수많은 교육자와 임상의들을 대단히 존경한다. 그들이 현장에서 만나는 불안해하는 부모들에게 추천해 줄 수 있는 자료뿐만 아니라 그들의 업무를 도와줄 수 있는 원칙과 관점을 제공하는 것도 염두에 두었다.

당신이 누구든, 그리고 이 책을 읽게 된 동기가 무엇이든 간에 당신이 사랑하는 아이들의 삶을 개선하기 위한 이 여정에 우리와 함께 하는 것에 대해 우리가 얼마나 감사하는지 알아달라. 단지 이 책을 읽는 것만으로도 당신은 아이들과 함께 있어 주기 위한 큰 걸음을 내딛고 있는 것이다. 이것이 전부다.

THE POWER OF SHOWING UP

Chapter 2

왜 어떤 부모는
그렇게 하지 못할까?

애착 육아의 A to Z

당신이 되고 싶은 부모가 되는 법

어떻게 좋은 부모가 되는가? 사람들에게 이 질문을 하면 다양한 대답을 들을 수 있을 것이다. 어떤 이들은 자신의 부모와 함께 한 경험에 초점을 맞출 것이고, 다른 사람들은 자신의 지식수준, 특히 양육에 관한 철학에 초점을 맞출 것이다. 또 어떤 사람들은 그의 종교적 양육 방식이나 그가 얼마나 도덕적이고 윤리적인지, 또는 그의 일관성, 친절, 인내심 등에 대해 얼마나 공을 들이는지를 강조할 수도 있다.

이러한 모든 요소들은 확실히 양육에 영향을 미칠 수 있다. 그러나 1장에서 설명했듯이, 수십 년간의 엄격한 연구는 이 질문에 대한 구체적인 답을 제공했다. 그리고 그 결론은 매우 희망적이다.

아이가 삶에서(정서적으로, 관계적으로, 사회적으로, 교육적으로) 잘 성장하게 되는 이유를 찾고자 한다면, 아이와 지속적으로 함께 있어 주는 적어도 한 명의 양육자와 안정 애착을 가지도록 발달시켰는지 조사해 볼 수 있다.

그리고 이런 패턴의 안정 애착을 양육자들이 제공할 수 있는지 예측할 수 있는 가장 확실한 한 가지는 '부모의 현존(parental presence)'이라고 부르는 것을 실천하는가이다.

'현존'하는 부모는 자신의 과거와 애착 이력을 성찰하고 이해했다. 비록 과거가 힘들었다 할지라도 그 삶을 이해하게 되면, 아이와 확실하게 함께 있어 줄 수 있는, 존재에 대한 개방적이고 수용적인 인식을 가지게 된다.

간단하게 말하면 부모가 함께 있어 줄 때 아이는 회복탄력성이 있고, 보호받으며, 더 강해지기 쉽다. 우리가 완벽할 필요는 없지만, 함께 있어 주는(혹은 함께 있지 못하는) 방식은 아이가 어떤 사람이 되고 그의 뇌가 어떻게 연결되는지에 영향을 준다.

물론 거기에는 다른 요인들, 즉 우연한 사건, 타고난 기질, 유전적 취약성 등 우리가 바꿀 수 없고 아이의 발달에 영향을 미치는 요인들도 있다. 하지만 아이의 성장을 위해 우리가 할 수 있는 것에 관한 한, 연구는 확고하다. 함께 있어 주는 부모란 그들 자신의 인생 경험을 이해하며 '일관된 이야기'를 만들고, 부모로서 현존하여 내적, 외적으로 함께 있어 주는 사람이다.

내면적으로는 과거가 현재 있는 그대로의 우리를 어떻게 만들었는지 이해하게 된다. 그것은 지금, 그리고 미래에 우리가 되었으면 하고 바랐던 것으로부터 자유롭게 되는 방식이다. 그리고 외적으로는 아이가 우리에게 공감받고, 이해받고, 연결되어 있다고 느낄 수 있도록 우리가 개방적이고 수용적인 인식(부모의 현존)을 할 수 있는 방법을 배운다.

비록 당신이 최적의 양육을 못 받았더라도

이해하기와 현존하기는 함께 있어 주는 것이 전부다. 우리는 여기서 시작할 것이다. 당신이 부모와의 경험을 어떻게 잘 이해했는지, 그리고 아이의 삶에 어떻게 존재할 수 있는지에 대해 생각해 볼 수 있도록 돕게 될 것이다.

당신의 어린 시절 경험이 당신의 발달에 어떻게 영향을 주었고 그것이 아이와 상호작용하는 방식에 대해 예측하는 것과 영향을 미치는 것에 대해 얼마나 성찰해 보았는가?

당신의 어린 시절 가족과의 경험에 대해 어떻게 생각하는가? 힘든 일과 마주해서 적응하기 위해, 혹은 어쩌면 살아남기 위해 배워야만 했던 경험들에 대한 반응이 당신의 뇌가 발달한 방식에 직간접적으로 영향을 미쳤다.

좋은 소식은 만약 당신이 기꺼이 들어볼 마음만 있다면, 과학은 당신의 애착 경험을 이해하는 방법을 보여줄 수 있다는 것이다. 비록 당신이 최적의 양육을 받지 못했다 하더라도(부모의 부재나 그들의 부족함, 당신에 대한 학대 또는 다른 이유 등으로), 당신의 애착 전략은 끝난 것이 아니다. 과거는 운명이 아니다.

만약 당신의 부모가 당신과 함께 있어 주지 못했거나 혹은 가끔만 함께 있어 주었거나, 무섭고 해로운 방식으로 행동했다고 해서, 그것이 당신이 아이를 위해 건강하고 건설적인 방식으로 함께 있어 줄 수 없다는 의미는 아니다. 하지만 그것은 당신이 애착 이력을 성찰하고 아이에게 제공할 애착의 종류를 결정하는 몇 가지 할 일이 있을 것이라는 의미일 수 있다. 실제로 당신은 아이와 어느 정도로 함께 있어 줄지를 선택할 수 있다. 그렇다, 당신은 자신의 과거를 살펴보고 당신 자신을 위해 그것을 이해함으로써 함께 있어 줄 수 있는 능력을 키울 수 있다.

아이의 마음은 유대로 성장한다

애착 과학의 기본을 소개하는 것으로 시작하자.

우리가 다른 책에서 언급했던 것을 안다면, 당신은 이미 몇 가지 기초를 경험한 것이다. 이 책의 나머지 부분에서는 이러한 본질적인 내용을 다루고 이전에 언급한 내용을 추가할 것이다. 애착 과학 분야는 진화론, 유전학, 후생 유전학 등의 분야에서 나온 새로운 정보가 그 기본 원칙을 강화함에 따라 계속 확장되고 있다. 이제 우리는 자아와 관계에 대해 생각할 수 있는 새로운 방법을 소개하며, 이 정보를 이전 장에서 소개한 개념에 적용할 것이다. 우리가 그랬던 것처럼 당신 또한 이것에 끌리게 될 것이라고 확신한다. 당신이 부모와 함께했던 경험, 그리고 아이와 함께했던 경험 모두에 대해 알게 되길 바란다.

지난 수십 년간 애착 과학 분야에서 쌓아온 지식은 양육과 아이 발달에 대한 이해 방식에 지대한 영향을 끼쳤다. 댄은 UCLA에서 소아청소년 정신의학과 임상 훈련 프로그램을 지도하기 전에 국립정신보건연구소의 연구 훈련 보조금을 받아 애착 연구를 했고, 티나는 박사 과정과 박사 후 과정에서 애착 과학과 대인관계 신경생물학 체계의 실제 적용에 초점을 두었다. 이 분야의 과학은 풍부하고 신뢰할 수 있으며, 아이의 발달을 최적화하기 위해 광범위한 문화와 가정환경들에 그 연구 결과를 어떻게 적용할 수 있는지 보여 주고 있다. 고맙게도 오늘날에는 그 정보가 과거처럼 낯설게 느껴지지 않는다.

간단히 말해 아주 어린 나이에 부모와 강한 유대감, 즉 애착을 갖는 아이가 훨씬 더 행복하고 더 만족스러운 삶을 영위한다는 것이다. 이러한 애착 유대는 부모가 아이의 욕구에 응답하고, 그가 울거나 속상해할 때 안아 주거나 안심시키는 것처럼 따뜻하게 진정시킬 때 형성된다. 이러한 신뢰할 수 있는 행동과 연결 패턴을 경험할 때, 아이는 생존을 위해 에너지를 사용하거나 과도한 각성상태를 유지하지 않고도, 환경이나 양육자의 작은 변화를 지켜보면서 자유롭게 배우고 발달할 수 있다.

우리는 모두 연결의 본능을 가지고 태어났다. 이 연결이 확실하게 확립될 때 뇌는 최적의 방식으로 성장할 수 있다. 아이가 일차 양육자와 안정적인 애착을 가질 때, 예측 가능하고, 그래서 신뢰할 수 있는 이러한 경험들은 스트레스를 낮추고 자신감과 함께 궁극적으로 자립심을 발달시킨다. 아이는 자신의 감정과 행동을 관리하는 방법을 배우면서 잘 성장해 나간다.

이것이 놀랍게 들릴 수도 있다는 것을 알지만, 사실이다. 즉 애착 인물과 연결되는 방식으로 경험하면서 지금의 우리가 되는 법을 배우고, 심지어 우리가 누구인지 아는 방법도 배운다.

당신은 감정을 감지하고 조절하거나 혹은 특정한 사건에 대한 기억을 인식하는 것과 같은 것들을 개인적, 내적, 사적인 경험이라고 생각했을 수도 있을 것이다. 하지만 실제로는 당신의 인생에서 중요한 다른 사람들과의 사회적 관계에서 나온 것이다. 우리는 철저하게 사회적 동물이고, 우리의 관계적 연결은 우리의 내적 신경 연결을 형성한다. 아이의 마음은 내면의 성격을 형성하는 대인관계와 함께 발달한다. (이에 관해서는 나중에 더 자세히 설명할 것이다.) 이것이 바로 안정 애착이 건강한 발달에 매우 중요한 영향을 미치는 이유다.

유대가 이뤄지지 않을 때 일어나는 일들

반면에 이런 형태의 유대가 이루어지지 않을 때, 아이는 위와 같은 중요한 교훈과 기술을 배우지 못하고 공격성, 반항성, 과잉 행동, 저조한 언어 발달, 빈약한 실행 능력, 심지어는 낮은 회복탄력성(이는 가난, 가정의 불안정, 부모의 스트레스와 우울증과 같은 시스템적인 문제에 직면할 때 일어난다.) 등과 같은 위험에 처하게 된다.

논리적으로 들리지 않는가? 사랑과 지지를 받는다고 느끼는 아이, 그의 부모가 신체적, 정서적으로 함께해 주는 것을 확신할 수 있는 아이는 인생을 더 잘 살아갈 것이다. 사실 심지어 부모 중 한쪽이 아이와 함께해 주지 못해도, 다른 한쪽이 아이가 필요로 하는 일관성과 예측 가능성을 제공하기만 해도 그 아이는 안정 애착이 제공하는 많은 혜택을 똑같이 받을 것이다.

이 본질적인 실제의 이면에 숨겨진 과학은 매혹적이며 따라하기가 매우 간단하다. 우리는 과학의 몇 가지 기초를 소개하고 그것이 당신에 대한 이해와 아이와의 상호작용에 얼마나 강력한 힘을 발휘할 수 있는지를 보여 주고자 한다. 우리는 발달 이해에 대해 새롭게 접근한 획기적인 조사 연구를 먼저 살펴 볼 것이다.

여기서 우리가 논하고 있는 것의 이면에 있는 과학에 대해 더 깊이 파고들고 싶다면, 댄의 책 『마음의 발달: 인간관계와 뇌가 어떻게 상호작용하여 우리 자신을 형성하는가』를 보라. 그 책은 우리가 논하고 있는 것들과 다른 연구 결과들을 뒷받침하는 수천 개의 과학 연구를 언급하고 있다.

더 나아가기 전에 한 가지 말해 둘 것이 있다. 우리는 누구나 이해할 수 있도록 가능한 명확하고 간결하게 설명하려고 노력했다. (항상 과학에 충실하면서.)

애착 과학의 기본을 좀 더 깊이 이해하고 싶다면 이 장의 나머지 부분을 계속 읽어 보길 권한다. 하지만 과학적인 세부 사항에 관심이 적다면 3장으로 넘어가도 좋다. 3장에서는 우리가 여기서 논의하는 모든 것들보다 실제적인 결과를 제시할 것이다.

애착 육아와 '낯선 상황' 실험

    1960년대에 과학자들은 한 살 된 아기와 양육자를 대상으로 흥미롭고 특이한 실험을 개발했다.

    아기의 생후 일 년 동안 엄마와 아기의 상호작용을 평가하기 위해 훈련된 관찰자들이 집으로 찾아가 표준 척도를 사용하여 평가했다.

    그런 다음 마지막에 엄마와 아기를 방으로 데려와서 약 20분 동안 실험을 했다. 이 실험은 아기가 엄마와 분리되어 낯선 사람과 또는 혼자, 즉 '낯선 상황'에 남겨졌을 때 어떤 일이 일어나는지에 초점을 두기 때문에 '낯선 상황 실험'이라고 불린다.

    한 살 된 아기가 엄마가 방을 나가는 것을 보고 그 스트레스를 감당할 때 어떤 행동을 보이는지, 특히 엄마가 돌아오면 어떻게 반응하는지 살펴봄으로써, 연구자들은 아기의 애착 시스템(주 양육자와의 연결 방식과 관계를 '안정 기지'로 삼는 방식)에 대해 많은 것을 발견했다.

이 연구가 여러 문화권에서 수천 번 반복되면서, 관계를 평가하는 핵심은 재결합 단계에 있다는 것을 알게 되었다. 그것은 다시 돌아온 엄마를 아기가 어떻게 반기는지, 아기가 위로를 받을 때 얼마나 쉽게 진정되는지, 그리고 아기가 얼마나 빨리 놀이로 돌아가는가에 있다.

부모와의 관계가 안정적이라는 의미인 '안정되게 애착된' 아기는 엄마가 방을 나갈 때 엄마를 찾는 모습을 분명하게 보이고, 엄마가 돌아오면 적극적으로 다가간 다음 곧 진정되고 놀이로 돌아간다.

연구자들은 가정 방문 관찰에서 안정 애착을 형성한 아기의 부모는 함께 있어 달라는 아기의 신호에 민감하게 반응하며, 지속적으로 그의 욕구를 충족시켜 줄 수 있는 사람이라는 것을 발견했다. 즉 양육자는 아기의 신호 이면에 있는 마음, 아기의 내적 경험이라는 측면에서 그것이 의미하는 바를 이해한 다음, 예측 가능하고 시기적절하게 민감하고 효과적인 방법으로 응답한다.

이러한 안정 애착은 얼마나 일반적일까? '낯선 상황' 패러다임을 수행하는 연구자들은 아기들의 약 3분의 2가 주 양육자와 안정되게 애착되어 있음을 지속적으로 발견한다. 완벽한 부모(그것이 무엇을 의미하든지 간에)는 아니지만, 필요로 할 때 지속적으로 함께 있어 주는 부모가 있다. 이것이 안정 애착을 형성한다.

나머지 3분의 1의 아기들은 '주 양육자와의 불안정 애착'이라고 불리는 모습을 보이고 있는데, 다음에 설명할 세 그룹 중 하나에 속한다.

한 가지 명심해야 할 것이 있다. 애착은 관계이며, 아기가 그 관계에 어떻게 적응하는지에 관한 것이다. 즉 아기 혼자만을 대상으로 하는 측정이 아니다.

불안정 애착의 3가지 패턴

'낯선 상황 실험'에서 불안정 애착의 첫 번째 그룹은 회피 애착이라고 불리는 상태를 나타낸다. 엄마가 아기를 혼자 남겨 두고 떠나면 아기는 방에 있는 장난감에 매우 열심히 집중한다. 사실 그들은 엄마가 떠날 때 외부적인 고통이나 분노를 거의 나타내지 않으며, 엄마가 돌아오면 무시하거나 심지어 피하기도 한다.

당신도 추측할 수 있듯이 회피 애착 아기에 대한 관찰 실험에서는 부모들이 아기의 신호와 욕구에 무심하거나 무감각한 것 같이 보인다. 부모는 아기의 신체적 욕구를 충족시키고 장난감과 활동을 제공하지만 정서적 욕구는 무시한다. 그 결과 아기는 내면의 생리적 고통을 겪고 있을 때에도, 애착에 대해 외적으로 표현되는 그의 욕구를 최소화하는 기술을 배운다.

양육자에게 공감받고 위로받고 싶은 내면의 상태나 감정의 욕구는 '감추려는' 것처럼 보인다. 즉 아기는 인간의 기본적인 관계 욕구를 충족시키지 못하는 것에 적응하는 것이다. 회피 애착을 발달시킨 아기와 부모와의 상호작용에서는 고통의 신호조차 일축된다. 이로 인해 아기는 부모가 자신의 고통에 관심이 없다고 추측하게 되고, 자신이 화가 났다는 것을 보여 주지만 않으면 더 나은 반응을 얻거나 최소한 에너지 낭비와 좌절감을 경험하지는 않게 될 것이라고 추측한다.

본질적으로 이 아기는 행동 회피라고 불리는 관계에 적응한다. 그들은 실제로 엄마가 방에 있든 없든 상관하지 않는다고 말하면서 부모의 부족한 조율에 대처한다.

그런데 미리 말하자면, 이런 애착 전략은 특정 부모와의 상호작용 경험에만 국한되어 있으며, 또 다른 양육자와의 관계에서 평가될 때는 다를 수 있다. 그렇다. 아기는 부모 중 한 사람에게 회피 애착을 경험할 수 있어도, 다른 양육자와 함께 안정 애착을 형성할 수 있고 그에 따른 혜택을 누릴 수 있다.

불안정 애착의 두 번째 그룹 아기는 양가 애착이라는 것에 빠진다. 여기의 부모는 아기에게 일관된 양육도 조율도 보여주지 않지만, 무관심과 무감각도 일관되지 않다. 대신에 이 아기의 삶의 초기를 특징짓는 것은 부모의 모순된 행동이다. 이 아기의 부모는 때로는 조율하고, 민감하고, 응답하지만, 때로는 그렇지 않다. 결과적으로 이 아기는 애착 관계에서 부모에 대한 신뢰에 큰 불안과 양면성을 가진다.

예를 들어 '낯선 상황'에서 양가 애착을 가진 아기는 엄마가 나갈 때와 돌아올 때 모두 위로받지 못한다. 안정 애착이 형성된 아기처럼 장난감으로 돌아가는 대신, 걱정스럽게 혹은 심지어 필사적으로 엄마에게 매달린다. 이 관계는 신뢰할 수 있는 양육과 위로를 줄 것이라는 믿음이 부족한 것으로 보이며, 그 결과 엄마와의 신체적 접촉조차도 아기에게 안도감을 주지 못한다.

이 모순의 경험은 내면의 혼란을 야기하고, 되돌아오는 부모의 존재는 이러한 불안과 불확실한 상태를 활성화하는 것처럼 보인다.

앞에서 언급한 회피 애착을 가진 아기는 관계에서 벗어나 종종 장난감에만 집중하여 애착시스템의 활성화와 연결에 대한 시도를 최소화하는 반면, 양가 애착을 가진 아기는 보고 있지 않는 동안 엄마가 떠날 수도 있다는 두려움 때문에 주의를 엄마로부터 다른 곳으로 돌리는 것을 두려워한다. 이런 식으로 애착 시스템을 극대화하는 것처럼 보인다.

세 번째, 불안정 애착 중에서 가장 고통스러운 패턴은 혼란 애착이다. 아기는 엄마가 방으로 돌아왔을 때 어떻게 반응해야 할지 결정하는 데 어려움을 겪고, 그 결과 무질서하고 방향을 잃거나 혼란스러운 행동을 보인다. 아기는 겁에 질린 것처럼 보이다가 엄마에게 다가가서 물러나다가 무기력하게 바닥에 쓰러져 울다가 얼어붙을 수도 있다. 아기는 엄마가 못 가게 매달리면서 동시에 자기도 다가가지 않으려고 할 수 있다.

혼란 애착은 부모가 전혀 조율해 주려 하지 않을 때, 부모가 겁줄 때, 혹은 부모 자신이 무서워할 때 발생한다. 구조화된 패턴을 발달시킨 다른 패턴(안정 또는 불안정)의 애착을 가진 아기와는 달리 이 아기는 예민하거나, 단절되거나, 일관성이 없는 양육자에게 반응하고 대처하는 데에, 그리고 때로는 공포를 유발하는 양육자에 의한 고통에 대처할 일관되고 효과적인 방법을 찾아내는 데 어려움을 겪는다.

이 아기들은 어떤 어른이 되었을까?

어린 시기에 '유아 낯선 상황' 실험에 참여한 아기 중 많은 아기를 30여 년 이상 추적했다. 정말 놀랍지 않은가? 유아로서 연구 대상이 되었던 아기는 이제 성인이 되어 많은 자녀를 두고 있다.

이것은 후속 종단 연구를 통해서 참가자들의 어린 시절 경험이 성인으로서 그들의 관계 성향에 어떤 영향을 미쳤는지를 알 수 있다는 의미이다.

연구자들은 아기의 삶에 미치는 모든 영향과 경험에도 불구하고 대부분의 아기가 자라 성인이 되어서도 동일한 애착 패턴(안정, 불안정 회피, 불안정 양가, 불안정 혼란)에 남아 있다는 사실을 발견하고 흥미를 가졌다.

애착의 패턴이 변한 사람 중 몇몇은 관계에 변화가 있었는데, 이는 그가 자신의 애착 변화를 이해하는 데 도움이 되었다.

애착 과학자들은 이러한 어린 시절의 패턴에 해당하는 성인 애착 패턴의 이름을 개발했다. 이 중 어떤 것이 당신의 경험과 가장 유사한지 보라. 어린 시절부터 시작된 애착 이력과 어른이 되어서 그것이 어떻게 나타났는지 생각해 보라. 당신은 또한 이 정보를 당신의 친구뿐만 아니라 당신의 파트너를 더 잘 이해하기 위해서도 사용할 수 있다. 심지어 베이비 시터나 다른 돌보는 사람을 선택할 때, 그리고 만약 당신이 그러한 선택을 할 수 있다면 어쩌면 아기의 학교를 선택할 때도 이것을 염두에 둘 수 있을 것이다.

이들 범주에 대해 읽을 때 명심해야 할 중요한 사항이 있다. 우리 대부분은 우리 내부에 다양한 애착 패턴의 여러 측면들을 어느 정도씩 가지고 있다. 당신은 한 범주에서 자신의 일부를 식별한 다음, 다른 패턴에도 들어맞는다는 것을 인식할 수 있다. 사람들은 전형적으로 한 범주에만 깔끔하게 딱 들어맞지 않는다. 하지만 당신은 아마도 다른 것들보다는 하나의 애착 패턴을 통해 당신 자신을 식별할 것이다.

자기 주도적인 자율성 있는 성인

 어떤 아기는 일반적으로 좋은 관계를 즐기고, 또래들에게 존중받는다고 느끼고, 지적 잠재력을 충족시키며, 감정을 잘 조절하는 어른이 될 만큼 운이 있다.
 애착 연구자들은 안정 애착의 이런 성인 버전을 자유로운 애착이라고 불렀다. 어릴 때 그들이 양육자에게 받은 일관된 사랑과 관심 때문에, 이 사람들은 자신의 과거를 자유롭게 보고 이해할 수 있으며, 현재의 그들 자신이 되는 데에 자유롭고 미래의 꿈과 욕망을 좇는 데에 자유로우며, 구속받지 않고 자기 주도적인 자율성 있는 성인이 되었다. 이처럼 애착 관계에 대한 적응 패턴은 개인이 자신의 감정, 생각, 기억, 자기 인식,

그리고 상호보완적인 대인관계 능력을 조절하는 법을 배우는 방식이 된다. 과학은 비교적 명확하다. 즉 우리는 애착 관계의 안정을 통해 정서적, 사회적 지능을 발달시킨다.

안정된 관계 패턴을 가진 아기는 민감하게 연결을 충족시키려고 시도하고 불가피하게 결렬될 때는 고치려 한다. 그의 욕구는 받아들여지고, 이해되며, 응답을 받는다. 부모는 그를 위해 함께 있어 준다.

예를 들어 생후 4개월이 된 아기가 울 때 아버지는 우는 소리를 듣고, 하던 일을 놔둔 채 아기를 안고 "배고파?"라고 묻는다. 그리고는 부드럽게 먹을 것을 준다.

양육이 안정 애착으로 이어지려면

아기가 보낸 고통의 신호는 양육자에게 감지되고 관심을 받았다. 부모는 아기가 필요로 하는 것을 이해했고, 시기적절하고 돌보는 방식으로 효과적으로 응답했다. 이렇게 세심한 부모를 가질 수 있는 운 좋은 아기는 특히 정서적 욕구가 많은 시기에 연결되고 보호받고 있다고 느낄 수 있는데, 이것은 안전감과 세상을 탐험해 나갈 수 있는 '안정 기지'를 가지게 한다.

자신의 안정 애착 이력 덕분에 훨씬 더 순조롭게 삶을 살아 갈 수 있고 많은 도전과 실망을 극복하고 아름다운 순간을 포용하고 즐길 수 있는 어른으로 성장한다는 것은 놀랍지 않은가?

이렇게 자란 어른은 인간관계를 중시하고, 의사소통을 잘하며, 타인에 대한 공감 뿐 아니라 독립적이고 자급자족하기도 한다. 그들은 스트레스에 직면해서 회복탄력성이 있고 감정과 몸을 조절할 수 있으며, 자신의 마음과 행동에 대한 통찰력을 보여 준다. 그 결과 자신의 아기가 필요로 할 때 기꺼이 함께 있어 줄 수 있다.

우리는 다음과 같은 표를 채워 나갈 것이며, 이 장에서 소개하는 새로운 다양한 용어들을 당신이 따라갈 수 있도록 추가해 나갈 것이다.

아기의 애착 패턴	양육 특징	아기의 생각
안정 애착	**안정 애착 패턴:** 연결하려는 아기의 시도에 민감하게 조율하고, 응답한다. 아기의 신호를 읽고 아기의 욕구를 미리 예측하여 충족해줄 수 있는 능력. 부모는 아기를 위해 믿음직스럽게 '함께 있어 준다.'	내 부모는 완벽하진 않지만, 내가 안전하다는 걸 알아. 내가 바라는 것이 있으면 엄마는 그걸 보고 즉각적이고 세심하게 반응할 거야. 나는 다른 사람들도 그렇게 할 것이라고 믿을 수 있어. 내 내면의 경험은 진짜이고, 표현되고 존중받을 가치가 있어.
불안정 애착: 회피		
불안정 애착: 양가		
불안정 애착: 혼란		

회피와 무시 애착

　확실히 모든 사람이 안정 애착을 경험할 수 있는 가정에서 태어나는 것은 아니다. 불안정한 애착 패턴 중 하나를 가진 아기는 어느 정도 혼돈, 경직 또는 둘 다로 특징지어지는 관계를 발달시키며 성장한다.

　불안정 애착의 첫 번째 패턴인 회피 애착을 가진 아기는 타인과의 연결만 어려운 게 아니라 자기의 내면과 연결도 어려운 어른으로 성장하는 경향이 있다.

　그들은 종종 감정을 알아차리지 못하거나 다루기를 꺼려 하며, 관계 맺고 있는 다른 사람들의 마음과 감정에 연결하는 데에도 어려움을 겪는다. 그들은 자신의 과거나 감정, 그리고 관계적 친밀감 등을 다루는 것을 어려워하며 회피한다.

이것은 그의 어린 시절 경험에 근거해 보면 일리가 있다. 어렸을 때 그의 정서적 욕구는 대부분 무시되었으며, 그래서 자신의 느낌을 묵살하는 것을 배우는 것은 단순히 생존 전략이었고, 학습된 애착 패턴의 기초가 되었을 것이다.

앞에서 언급했던 4개월 된 아기에 대한 다른 시나리오를 상상해 보자. 아기가 울지만 아버지는 아기의 울음을 무시하고, 읽던 책을 계속 읽으면서 한동안 알아차리지 못한다. 그리고 마침내 방해받는 것에 짜증을 내며 응답한다. 그는 좌절하며 기저귀를 갈고 화를 내며 아기를 다시 놀이 울타리 안에 넣는다. 그러나 아기는 계속 칭얼댄다. 자신이 어떻게 할 수 없는 상황에 더욱 화가 난 아버지는 아기가 피곤하겠다고 생각하며 침대로 옮긴다. 그래도 아기는 계속 울고 칭얼댄다. 결국 한 시간 동안 배고픔을 겪은 후에야 아기에게 우유 한 병을 준다.

자신의 울음에 대한 아버지의 반응이 너무 늦고 그 순간에 실제로 자신이 느끼고 필요로 하는 것과는 동떨어진 그와 같은 반복적인 상호작용 과정에서 아기는 과연 무엇을 배울까?

아버지가 자신의 신호를 잘 읽지 못한다는 것. 자신의 말을 듣거나 이해하지 못한다는 것. 자신의 의사소통 신호에 아버지가 계속해서 주의를 기울이지 않을 때, 아기는 아버지가 자신의 욕구를 충족시키거나 정서적으로 연결하는 데에 도움이 되지 않는다는 것을 정확히 알게 된다. 아기는 시간이 흐르면서 정말로 깊은 수준에서 자기를 받아줄 사람이 아무도 없으며, 부모는 자신의 마음을 알지 못할 것이고, 다른 사람들도 자신의 욕구와 감정에 관심을 가질 것이라고 기대할 수 없다는 것을 경험하게 될지도 모른다. 결국 환경에 적응하고, 양육자로부터 최상의 응답을 얻기 위해, 아기 또한 감정과 관계의 중요성을 회피하고 무시하도록 회로를 만들게 될 것이다. 다시 말해 과거에 관계가 도움이 되지 않았기에 미래에 어떤 중요한 방식이라도 아기가 양육자에게 의존할 이유가 없게 된다.

부모가 아기의 신호를 알아차리지 못하면

아기의 뇌가 이런 식으로 적응하고 감정을 부정하는 법을 배우는 것을 몇 가지 신경과학으로 잠시 설명해 보겠다. 우리는 다른 책에서 뇌를 위층과 아래층이 있는 집이라고 생각할 수 있다고 설명했는데, 그 각각은 다른 능력과 책임을 가지고 임무를 수행한다. 아래층의 뇌는 뇌간, 그리고 감정을 조절하고 작동하는 변연계를 포함하며, 실제로 뇌의 아래쪽 부분들로 구성되어 있다.

  이 아래층 뇌는 기본적인 신체 기능, 선천적 충동, 강한 감정과 같은 우리의 더 원시적이고 본능적인 과정들의 기원이다.

  이와 대조적으로 위층 뇌는 전두엽피질과 뇌의 위쪽 다른 부분들로 이루어져 있다. 그것은 더 진화된 부분이고 상상력, 의사결정, 공감, 개인적 통찰, 도덕성과 관련된 고차원의 사고를 담당한다.

  학습이 뇌를 어떻게 형성하는지를 설명하는 한 가지 방법이 있다. 연결에 대한 아기의 내적 욕구가 아래층 뇌에서 올라오지만 회피 애착에 의해 그 욕구가 충족되지 않으면 뇌는 그러한 신호를 위층 뇌가 알아차리는 것을 차단하는 법을 배운다. 그러한 기본적인 욕구에 대한 신호는 방어를 위해 거부되고 위층 뇌에 전달되는 것이 차단된다. 신체의 대부분 신호들, 심지어 아래층 뇌의 변연계와 뇌간에서 오는 많은 신호들도 피질의 오른쪽에 먼저 도달한다는 것이 밝혀졌다.

  당신도 아는 바와 같이 놀랍게도 뇌의 오른쪽과 왼쪽은 여러 면에서 상당히 다르다. 발달 측면에서는 오른쪽이 먼저이고, 구조에서는 오른쪽이 그 자체로 더 상호 연결되어 있으며, 기능 면에서 오른쪽은 주의의 초점이 광대하고 넓은 반면에 왼쪽은 좁은 초점을 가지고 있다. 오른쪽은 몸을 포함하는 아래쪽 영역으로부터 정보를 받는 반면 왼쪽은 우리가 말하고 글을 쓰는 언어 기호에 전문화된 경향이 있다.

이러한 기능을 바탕으로 다음과 같이 상상해 보자. 만약 당신이 신체에서 올라오는 입력을 차단할 수 있다면, 그리고 의식이 부분적으로 발생하는 피질과의 연결을 차단할 수 있다면, 연결하기 위해 당신이 보내는 신호를 부모가 놓쳐도 당신이 그렇게 괴롭지 않을 것이다.

이것은 왼쪽 피질 활동을 발달시키고 그것을 오른쪽 피질과 분리함으로써 간단히 해낼 수 있다. 그래서 당신이 성장함에 따라, 당신의 마음과 직감에 의해 진행된 갈망과 실망의 내적 감각뿐만 아니라 내적 신체 상태도 알아차리지 못하게 될 것이다. 말 그대로 당신의 내적 세계로부터 자신을 차단하고 있을 것이다.

연구 자료 중 회피 애착 관계를 가진 아기, 그리고 우리가 곧 논의하게 될 거부 애착을 가진 부모 둘 다에게 적용되는 중요한 한 가지가 있다.

바로 애착과 관련된 문제에 직면했을 때, 그의 외적 행동이 태연하게 보임에도 불구하고 생리 작용은 상당한 고통의 신호를 주고 있다는 점이다. 이것은 '유아의 낯선 상황 실험'에서 부모가 돌아왔을 때 자신의 심리 측정 정보(예를 들면 심박수 등)가

스트레스를 나타내는데도 엄마 쪽으로 가지 않는 유아의 경우와 마찬가지로 보인다.

아래층 뇌와 몸은 관계가 중요하다는 것을 알고 있고 애착 시스템의 외적인 활성화를 최소화하기 위해 학습된 애착 전략을 행동으로 보여 주고 있지만, 그 순간의 스트레스 반응은 연결에 대한 욕구가 여전히 남아 있음을 보여 준다.

뇌의 3가지 시스템

간단히 말해서 뇌의 세 가지 시스템은 애착이 우리의 가장 깊숙한 네트워크에 어떻게 영향을 미치는지와 관련되어 있다.

하나는 아래층에서 위층 뇌까지 확장되는 보상 시스템이다. 애착은 보상받는 것이다. 두 번째는 신체를 감지하고 조절하는 우리의 생존 감각 기본 시스템이다.

세 번째는 때로 '정신화 네트워크'라고 불리는데, 우리가 간단히 '마인드사이트'라고 부르는 것으로 양육자의 마음, 궁극적으로는 우리 자신의 마음을 어떻게 감지하는가를 의미하는 것이다.

보상, 신체적 조절, 그리고 마인드사이트는 우리의 어린 시절과 성인의 삶 모두에서 애착 관계에 의해 엮인 뇌 안의 세 가지 독특한 네트워크다.

이 시스템들이 어떻게 작동하는지를 회피 애착의 시각에서 살펴 보자.

회피 애착을 가진 사람들은 애착 네트워크가 활성화되는 어떤 상황에 처하면, 과거에 양육자와 연결되지 않았던 경험 때문에 신체 조절을 유지하기 위해 그 순간 연결을 위한 보상 회로의 작동을 차단한다.

그러나 차단하는 것은 그것만이 아니라 양육자의, 그리고 어쩌면 그들 자신의 정신 상태를 인지할 수 있는 마인드사이트 네트워크 또한 차단한다. 마음을 보는 것과 몸을 조절하는 것은 각각 우뇌가 지배적인 것으로 밝혀졌다. 그래서 우리는 이러한 발견들을 이해할 수 있고 회피 애착의 이력을 가진 사람들이 좌뇌 지배적인 방식으로 삶을 산다는 주장을 이해할 수 있다.

신경의 이러한 생존 적응 전략의 결과 중 하나는 비언어적 신호(눈 맞춤, 눈물을 포함한 얼굴 표정, 괴로움이나 분노와 같은 목소리 톤, 자세, 몸짓, 그리고 반응 시간과 강렬함 등)에 대한 민감성이 약해진다는 것이다.

이는 거부 애착을 가진 성인들에게서 나타나는데, 어린 시절 회피 애착의 이력을 가지고 있었을 가능성이 높다. 또 하나의 특징은 자신들의 어린 시절 경험을 기억하지 못한다고 반복해서 말한다는 점이다.

이것은 유아 시절(세 살 이전)뿐만 아니라 초등학교와 그 이후의 관계 경험에도 해당된다. 어떻게 이 두 가지 발견이 좌뇌 지배적인 전략과 일치하는가?

비언어적 신호와 자서전적 기억도 우뇌가 주로 담당한다! 애착 설정에서 우뇌의 사용을 차단하면 연결과 조율에 대한 욕구를 충족시키지 못하는 고통을 피할 수 있게 된다. 문제는 이런 적응 전략이 현재까지도 계속 정서적 단절감을 만들어낸다는 점이다. 심지어 그가 삶을 어떻게 이해하는지에 대한 서사적 표현에서조차도, 관계에서 중요한 친밀함을 '거부'한다. 그리고 이런 방식 때문에 그의 전략을 '거부형'이라고 부른다.

요즘의 많은 청소년과 성인들은 마음의 내면에 초점을 맞추기 보다는 외부, 물리적 세계에 맞추는 패턴을 보인다. 실제로 그들은 존재하는 모든 것이 만질 수 있고 측정 가능하고 무게감 있는 물리적 측면만 있는 것처럼 세상을 바라본다. 현실을 오직 존재의 평면 위에서 외적으로 존재하는 것으로 본다.

물론 물리적 세계는 현실이다. 그러나 내면의 정신적, 정서적 측면, 감정과 생각, 희망과 꿈, 충동과 욕망과 갈망으로 우리를 가득 채우고 있는 주관적 내면의 바다도 똑같이 현실이다. 이런 것을 주관적이라고 부른다고 해서 그것이 비현실적인 것은 아니다.

단지 우리 내부에서 시작한다는 것일 뿐이다. 그것은 측정할 수 없을 수도 있지만 우리의 내적 그리고 대인관계의 삶에서 안녕을 창조하는 데에 가장 중요한 측면 중 하나임에는 거의 틀림없다.

아기가 특정 양육자에게서 회피 애착을 경험할 때, 그 애착 인물은 아기 내면의 바다에 아주 강력한 맹목성을 일으킨다. 아기는 양육자가 자신의 내면을 보고 반응해 주는 것을 경험하지 못했다.

그것은 마치 그의 내면의 자아가 '반영적 대화' 또는 '내적 본성에 관한 마음의 대화' 같은 것으로 관심받고, 인정받고, 또는 말해본 적이 거의 없는 것과 같다. (이 부분에 대해서는 곧 더 자세히 설명할 것이다.)

그러나 이러한 애착 관계 패턴의 결과는 자신의 내적 세계를 알지 못하게 하는 장애물을 아기 내부에 만들어 놓은 것처럼 보인다. 마인드사이트가 충분하지 않은 것이다. 내면의 바다를 볼 수 있는 능력은 아직 발달하지 않았을 뿐이다. (이 선천적인 마인드사이트 능력을 발달시키는 것은 결코 늦지 않았다. 이것은 부모와 아기 모두에게 사실이다.)

이것이 바로 이런 경험을 한 아기가 당연하게도 '특정한 애착의 마음 상태'를 가진 어른으로 성장하는 이유다. '애착의 마음 상태'란 어른들이 자신의 애착 이력에 적응했던 전략을 어떻게 관계의 삶으로 가져오는가를 설명하는 용어다.

회피애착의 경우, 그 전략은 자신과 타인 모두의 내부에 있는 바다를 망각하는 방식으로 지배되는 것처럼 보인다. 애착 과학은 회피 애착을 경험한 아기가 거부 애착이라는 성인 애착으로 발달하는 경향이 있다는 것을 보여 준다.

그들은 정서적인 것과는 거리가 먼 삶을 살게 되고, 관계의 중요성을 무시하며, 종종 친밀감을 피하고, 깊고 혹은 의미 있는 수준에서 관계를 맺으려는 시도를 거부하게 된다. 그들은 삶의 특정 분야에서(어쩌면 공공의 영역에서 훌륭한 사회적 기술을 발달시키는 것까지) 엄청나게 성공할 수 있지만, 친밀감에 대한 불편함 때문에 본질적으로 친밀한 관계의 중요성을 무시하고 따라서 개인적으로는 더 깊은 연결 없이 살아간다. 외부적으로는 친밀함을 위한 보상 작동이 존재하지 않는 것처럼 행동할 수 있고, 마인드사이트 네트워크가 관여하지 않는 것처럼 행동할 수 있지만, 이것들은 각각 자신의 신체적인 조절 기능을 유지하기 위한 전략일 수 있다. 어렸을 때 '우리'라는 관계가 신뢰할 수 있는 방식으로 만들어진 적이 없기 때문에, 이른 시기에 연결이 부족한 상황에 대해 유용하게 적응하기 위해 독자적인 자아로 살게 되었을 수도 있다.

결과적으로 그의 파트너들은 종종 외로움과 정서적인 거리감을 경험할 수 있고, 그의 아기는 정확히 같은 방식으로 세상과의 관계를 발달시키게 된다. 따라서 거부 애착 패턴을 가진 성인의 양육 방식은 안전하고 자유로운 애착 패턴을 가진 부모의 방식과는 크게 다르다.

전래 놀이인 '똑똑 부~우(boo-who)'(우리나라의 아기 놀이인 '똑똑 누구십니까?' 놀이와 비슷한 서양의 개그 놀이-옮긴이)를 생각해 보자. 마지막의 결정적인 말은 거부하는 양육 패턴을 완벽하게 닮았다.

부모: 똑똑.
아기: 누구세요?
부모: 부~우.
아기: 부~우가 누구세요?
부모: 울지 마.

이러한 거부 반응은 부모 자신의 어린 시절 정서적 욕구를 누구도 결코 알아주지 않았고 충족시키지 않았던 경험에서 비롯된다. 완전히 대조적으로 부모들이 애착과 배려로 응답할 때는 매우 다르게 나타난다.

부모: 똑똑.
아기: 누구세요?
부모: 부~우.
아기: 부~우가 누구세요?
부모: 오, 울고 있어? 이리 와. 무슨 일인지 말해줄래?

뒤에 나온 놀이의 대답 역시 엉뚱한 개그 표현이지만 사랑과 관심을 전하는 것은 분명하다.

아기의 애착 패턴	양육 특징	아기의 생각
안정 애착	**안정 애착 패턴:** 연결하려는 아기의 시도에 민감하게 조율하고, 응답한다. 아기의 신호를 읽고 아기의 욕구를 미리 예측하여 충족해줄 수 있는 능력. 부모는 아기를 위해 믿음직스럽게 '함께 있어 준다.'	내 부모는 완벽하진 않지만, 내가 안전하다는 걸 알아. 내가 바라는 것이 있으면 엄마는 그걸 보고 즉각적이고 세심하게 반응할 거야. 나는 다른 사람들도 그렇게 할 것이라고 믿을 수 있어. 내 내면의 경험은 진짜이고, 표현되고 존중받을 가치가 있어.
불안정 애착: 회피	**거부 애착 패턴:** 아기의 신호와 욕구에 대한 무관심. 아기의 정서적 욕구에 대한 조율 부족.	내 부모는 가까이에 자주 있을지 모르지만, 내가 필요로 하는 것이나 내가 어떤 느낌인지에 대해서는 신경 쓰지 않아. 나 역시 내 감정을 무시하고 욕구 표현은 안 할 거야.
불안정 애착: 양가		
불안정 애착: 혼란		

양가 애착과 몰두 애착

세 가지 불안정 패턴 중 두 번째인 양가 애착은 어른이 되어서도 관계에 있어서 여러 가지 어려움을 겪게 한다. 앞에서 논의한 회피 애착을 가진 아기는 일반적으로 다른 사람들, 그리고 자신의 내면세계와 단절된 어른으로 성장하여 거부 애착 패턴을 가지게 되기 때문에 감정을 회피한다.

그것은 단지 생존하기 위해 배운 방식일 뿐이다. 이 전략은 논리, 언어를 담당하는 좌뇌로의 신경학적 퇴보를 가져와서 애착을 부분적으로 최소화할 수도 있다.

이와는 아주 대조적으로 양가 애착을 가진 아기는 어른으로 성장하면 많은 혼란, 불안, 불안정을 안고 살아가게 된다. 회피 애착이 정서적으로 메마른 사막에서 사는 것이라고 한다면 양가 애착을 가진 이들의 삶에 대한 반응은 전형적으로 정서적 홍수로 나타난다.

그의 혼란스러운 경험은 어떤 때는 그들과 함께 있어 주고, 때로는 그렇지 않기도 했던 부모를 둔 데서 비롯된다. 이러한 '간헐 강화'(부모가 그들과 함께 있어 주는 방식에서 일관성이 없을 때) 실제로는 애착에 대한 그의 욕구를 증가시키는 것으로 보일 수 있다.

그들은 부모에게 조율, 연결, 그리고 조절에 관해 기댈 수 없다는 것을 배웠고, 이러한 일관성 없음으로 인해 부모와의 관계, 그리고 세상과의 관계에서도 불안정이 가득 차게 되었다. 그 결과 성인이 되어 뚜렷한 내적 안정감이 없는 방식을 친밀한 관계에 적용했다. 회피 애착의 아기가 연결을 위한 반응을 최소화하는 것과 달리, 양가 애착을 가진 아기는 그 반응을 과장한다.

믿을 수 있고 안정된 현존

배고파 우는 4개월 된 아기 이야기로 돌아가서 양가 애착의 시각으로 살펴 보자. 아기가 울 때, 아버지는 실제로 아기의 욕구를 충족시키고 싶어 할지도 모른다. 사실, 가끔 그렇게 하기도 한다. 그러나 때로는 감정에 압도되어 아기에게 효과적으로 응답하지 못할 수도 있다. 앞에서 거부 애착의 아버지가 정서적으로 단절된 방식으로 아기에게 접근한 반면, 이 아버지는 혼란과 혼동에 쉽게 빠져서 반응을 조율하지 못하고 적절한 조치를 취하지 못한다.

아기의 배고픔을 해소하기보다는 아기를 진정시키지 못할까 봐 불안해하고 걱정한다. 아기에게 달려가 괴로운 표정으로 안아 올린다. 그가 받는 스트레스는 직장에서의 스트레스와 상사의 비판을 떠올리게 하는데, 그것은 어릴 때 부모가 자신에게 핀잔을 주었던 방식을 생각나게 한다. 그 자신도 불안하고 양가 애착의 이력을 가지고 있기 때문에 아버지로서 자신의 능력을 의심하고 있다.

성인의 거부형 애착이 단절에 관한 것이라면 몰두형 애착은 혼란에 관한 것이다. 그는 아기를 돌보고 싶지만 제대로 할 수 없을까 봐 겁먹고 있다. 이 상황에서 당신은 애착의 기반이 되는 보상, 신체 조절, 그리고 마인드사이트라는 세 가지 네트워크가 어떻게 균형을 잃는지 상상할 수 있을 것이다.

즉 이 아버지의 뇌에서는 어린 시절 경험에서 미완성으로 남아 있는 과거 때문에 양가 애착 이력이 보상 회로를 더 활성화하고, 신체를 더욱 힘들게 만들며, 마인드사이트 렌즈를 흐리게 한다.

이 모든 것은 아기가 아버지의 걱정스러운 얼굴을 올려다보고 아버지 몸이 긴장된 것을 느끼면서 팔에 안겨 우는 동안 일어난다. 아기는 아버지의 내면 상태에 스며들었고, 아버지가 불안해하고 혼란스러워 하기 때문에 아버지의 불안정을 지속시키는 그의 '남아 있는' 과거의 문제들을 아기 또한 알아차리면서 그것을 경험한다.

아기는 자라면서 이와 같은 수많은 다른 상호작용들을 거치며 자신의 욕구가 누군가에 의해 조금이라도 확실하게 인식되거나 충족될 것이라고 기대할 수 없다는 것을 배운다. 아버지는 아기와 함께 있어 주길 원하고, 가끔 그렇게 한다.

그러나 그는 자주 자신의 감정 세계에 빠져들어서 아기가 그에게서 필요로 하는, 믿을 수 있고 안정된 현존을 제공할 수 없다. 아기가 청소년기와 성인기로 성장해 감에 따라 자아 감각은 매우 혼란스러워질 수 있다. 보상, 신체 조절, 마인드사이트 그리고 안정된 기반 또한 갖고 있지 않다.

생후 4개월 된 이 아기가 아는 것이라고는 배가 고프다는 것이 전부다. 하지만 아기가 자라면서 그 배고픔은 신경학적으로 불안, 그리고 불확실성과 연결되게 된다. 왜냐하면 아기는 자신에게 일관되지 않게 대하는 아버지의 경험을 비슷하게 반복하기 때문이다.

결과적으로 아기는 삶에 대한 접근이 불안정하고 혼란스러워질 수 있다. (여기서는 아기가 아버지와의 양가적 관계의 부정적 영향을 완화하는 안정 애착을 제공하는 또 다른 중요한 양육자를 갖지 않는다고 가정하고 있다.)

이런 양가 애착 패턴을 가진 아기는 성인의 '몰두형 애착'이라고 하는 패턴을 발달시키는데, 이것은 친밀한 관계에서 혼란스럽고 대단히 격한 정서적 방식으로 연결하는 것이 특징이다.

거부 애착 패턴을 가진 성인들은 일반적으로 그들 자신, 그리고 다른 사람들의 감정에 덧붙여 과거의 중요성을 단념하는 반면, 몰두형 애착 패턴을 가진 성인들은 정반대다. 그들은 과거에 집착하거나 몰두하고 관계와 감정에 집착하게 된다. 따라서 그의 관계적 삶은 격심한 정서적 혼란과 심각한 불안으로 특징지어진다.

그들은 종종 아끼는 사람들과 그의 욕구를 관리하는 데 어려움을 겪을 수 있으며, 분노, 원한, 과거의 관계에 대한 두려움 같은 큰 감정에 계속 빠져든다. 그것은 때로 세상에 대해 근본적인 소극성으로 반응할 수 있다는 점에서 내면의 갈등을 일으킨다.

이는 수치심과 자기에 대한 의심이 그를 그런 혼란스러운 핵심 자아에 머물게 하기 때문이다. 그들은 연결을 갈망하면서도 다른 사람들을 밀어냄으로써 다른 사람들은 신뢰할 수 없다고 생각하는 악순환의 고리를 더욱 강화한다. 그의 과장된 애착 욕구는 걱정과 혼란으로 가득 차 있다.

그래서 예상하는 대로 신뢰 문제들이 발생하고, 혼란을 부추길 수도 있는 내면 상태를 강화하면서 악순환은 계속된다.

뇌 스캔을 통해 이 사실을 확인할 수 있다. 연구자들은 피험자들이 타인의 얼굴과 감정을 접할 때 다양한 주제에 대한 신경 반응을 살펴보았다. 거부형 애착을 가진 사람들은 얼굴과 감정에 주의를 더 적게 기울이고 다른 사람을 이해하고 공감하는 능력이 떨어지는 반면, 몰두형 애착을 가진 사람들은 정반대다. 그의 뇌 스캔을 보면 얼굴과 감정에 너무 많은 주의를 기울이는데, 이는 종종 다른 사람들에게는 결핍으로 인식된다. 짐작하겠지만 안정 애착을 가진 사람들은 두 반응 사이에서 건강한 균형을 찾으며, 관계와 다른 사람들의 의견에 적절하게 주의를 기울인다.

몰두형 부모는 '똑똑 부-우(boo-who)' 놀이에서 자신의 정서적 불안정으로 인해 아기와 함께 있어 줄 수 없다는 것을 강조할 것이다.

부모: 똑똑.

아기: 누구세요?

부모: 부~우.

아기: 부~우가 누구세요?

부모: 정말 울고 있는 거야? 왜 슬퍼하는데? 아, 너 정말 대단하네. 지금 네가 나를 울리고 있단 말이야. 너 때문에 내가 눈물이 나!

아기의 애착 패턴	양육 특징	아기의 생각
안정 애착	**안정 애착 패턴:** 연결하려는 아기의 시도에 민감하게 조율하고, 응답한다. 아기의 신호를 읽고 아기의 욕구를 미리 예측하여 충족해줄 수 있는 능력. 부모는 아기를 위해 믿음 직스럽게 '함께 있어 준다.'	내 부모는 완벽하진 않지만, 내가 안전하다는 걸 알아. 내가 바라는 것이 있으면 엄마는 그걸 보고 즉각적이고 세심하게 반응할 거야. 나는 다른 사람들도 그렇게 할 것이라고 믿을 수 있어. 내 내면의 경험은 진짜이고, 표현되고 존중받을 가치가 있어.

불안정 애착: 회피	거부 애착 패턴: 아기의 신호와 욕구에 대한 무관심. 아기의 정서적 욕구에 대한 조율 부족.	내 부모는 가까이에 자주 있을지 모르지만, 내가 필요로 하는 것이나 내가 어떤 느낌인지에 대해서는 신경 쓰지 않아. 나 역시 내 감정을 무시하고 욕구 표현은 안 할 거야.
불안정 애착: 양가	몰두형 애착 패턴: 때로는 조율하고, 민감하며, 아기의 신호와 욕구에 반응하지만 때로는 그렇지 않다. 때때로 거슬린다.	나는 부모가 어떻게 반응할지 몰라서 끊임없이 긴장해야 해. 결코 방심할 수 없어. 사람들이 나를 위해 함께 해줄지는 믿을 수 없어.
불안정 애착: 혼란		

 이 표를 채워나갈 때 다양한 애착 패턴들 사이의 차이를 볼 수 있을 것이다. 더불어 안정되고 자유로운 애착이 관계와 삶에서 왜 안정과 성공으로 이어지는지를 알 수 있다. 이 자유는 자신과 다른 사람의 감정뿐만 아니라 과거에 대해서도 성찰하고 배울 수 있는 자율성을 준다. 거부 패턴을 가진 사람들처럼 그런 것들과 단절하거나, 몰두 패턴의 경우처럼 말려들 필요도 없다.

부모가 공포가 되는 혼란 애착

불안정한 애착의 마지막 패턴인 혼란 애착은 아동 발달의 전체 측면에서 가장 힘들다. 이것은 부모가 아기를 위협으로부터 안전하다고 느끼게 도와주기보다는 부모 자신이 실제로 위협이 될 때 발생한다.

부모가 너무 무관심해서 두렵거나 지나치게 혼란스럽고 압도적이거나, 또는 부모 자신이 위협이 되어 위험하거나 두려운 경험이 반복되기 때문에 아기는 부모를 공포의 근원으로 경험하게 된다.

애착 인물인 부모의 행동 때문에, 또는 그에 따른 애착 결핍으로 인해 이러한 각각의 조건들은 아기에게 공포 상태를 불러일으킨다. 아기가 부모를 두려워하는 경험을 하면, 자신의 감정을 조절하고 세상에서 안전하다고 느끼는 데에 어려움을 겪는 성인으로 성장하게 된다.

불안정 애착의 다른 패턴인 회피형과 양가형은 아기가 자신의 세계를 탐색하도록 하는 행동 패턴을 조직한다. 즉 거부형은 부모와의 회피적인 이력 때문에 정서적인 연결과 친밀함을 피한다. 몰두형은 혼란과 걱정 상태를 반복적으로 경험하는 경향이 있으며, 관계에서 느끼는 불안과 주저함을 줄이기 위해 최선을 다한다.

요점은 회피/거부형 패턴에서 애착을 최소화하거나 양가/몰두형 패턴에서 애착을 최대화하는 것이 안정적이거나 최선은 아닐지라도 생존을 위해서 내부적으로 일관성 있는 조직화 전략을 대신할 수 있다는 것이다.

그러나 어린 시절에 무서운 부모와 살았고 지금은 혼란 애착 패턴을 가진 어른들에게는 세상에 대처해 나갈 그런 조직적인 전략이 아무것도 없다. 그들은 합리적이고 효과적으로 응답을 할 수 없는 상태에 있다. 보상, 신체 조절, 그리고 마인드사이트라는 세 가지 네트워크를 상상해 보라.

혼란 애착의 공포와 함께, 그런 위협 상태에 있는 신체 조절 장애는, 겁먹게 만드는 부모의 마음 자체를 무서운 것으로 보게끔 연결되어 있다. 그렇게 되면 애착의 보상 기반은 산산조각이 날지도 모른다.

왜냐하면 부모가 아기에게 공포의 근원이 되면 생물학적 역설이라고 부를 수 있는 뇌의 두 가지 상태에 동시에 들어가는 상황을 아기 안에 만들어 내기 때문이다.

즉 한편으로 두렵기 때문에 도움을 받기 위해 양육자에게 돌아가야 한다는 강박감도 느낀다. 수 세기에 걸친 진화적 발전은 이것이 적절한 반응이라는 것을 아기의 뇌에 가르쳐왔다. 애착 인물이란 아기를 보호하고, 아기를 위해 좋은 것을 바라며, 안전과 안정을 제공하는 사람이다.

그러나 다른 한편으로 이 사례에서는 양육자가 아기에게 고통의 근원이다. 아기가 부모로부터 받게 될 것이라고 예상했던 것들은 모두 무너졌다. 결과적으로 아기는 부모에게 의지하면서도 부모로부터 도망쳐야 한다는 두 가지 강박을 모두 느낀다.

신경학적으로 말하면 뇌간의 생존 반응은 위험으로부터 달아나기 위해 아기를 공포의 근원으로부터 멀어지게 한다. 아래층 뇌에 뇌간보다 조금 위쪽에 있는 변연계 영역은 애착 시스템 기능의 대부분이 일어나는 곳이다. 이 포유류 시스템은 기본적으로, "봐! 난 지금 위험해, 내 조상들은 모두 애착 인물과 함께 편안함과 안전을 찾았어, 그래서 나도 바로 지금 한 인물을 향해 가고 있어!"라고 말한다. 그러나 애착 인물은 또한 공포의 근원이기도 하다. 뇌간은 그 인물로부터 멀어지려고 하고 변연계는 그 인물을 향해 다가가려고 할 때 그 결과는 내적 갈등이며 모순이다.

어떻게 하나의 몸이 같은 사람에게 다가가거나 멀어질 수 있을까? 그럴 수 없다. 그래서 이 상황에 대처하는 체계적인 방법은 도저히 불가능하다.

이른바 해리, 분열과 격심한 정서적 행동 조절 장애라고 하는 개인적인 대처 전략이 연속적으로 파편화되면 그는 건강한 기능을 유지하기 위한 아주 강력한 타협책을 만들어 낸다. 스트레스를 받는 상태에서 집중하려고 하고, 힘든 내면과 대인관계의 삶에 직면하여 내적 평온을 유지하려고 하기 십상인데 관계는 더 힘들어진다.

공포에 질려 길을 잃을지도 모른다

애착 연구자인 피터 포나기(Peter Fonagy)는 우리가 실재의 본질을 알게 되는 방법(인식론)이 특히 혼란 애착 경험으로 어떻게 훼손되는지 연구하기 위해 '인식론적 신뢰'라는 용어를 사용한다.

애착 인물에 의해 무서운 사건이 일어날 때, 실재의 본질은 부모가 어떻게 행동해야 하는지에 대한 더 큰 세계와는 모순된 방식으로 형성된다. 이러한 인식론적 신뢰가 반복해서 훼손되면 실재를 인식할 수 있는 내부 감각들이 해체될 수 있다.

이러한 훼손은 혼란 애착 이력을 가진 사람들에게서 발견되는 분열된 정신생활, 즉 해리에 어떤 역할을 할 수 있다. 그러나 그렇게 남겨진 혼란 애착의 행동 반응들은 비록 그가 이러한 과거가 어떤 식으로든 반복되길 원하지 않는다 해도 그들의 다음 세대는 마음이 분열된 부모의 행동을 다시 경험할 수도 있고, 이 행동은 아기에게 부분적으로 다시 공포가 될 수 있다.

혼란 애착의 징후를 보이는 부모는 종종 혼돈과 경직 사이를 왔다 갔다 하면서 타인과 그의 행동, 감정을 조절하는 것과 관련된 것이 일어날 때 심각한 문제에 부딪힌다. 이런 성인들의 경우, 위협이나 상실이 일어나면 모든 것이 백지로 돌아간다. 그의 반응은 완전히 혼란스럽고 때로는 위험할 수 있다. 갑자기 격분하거나 위협적이 되어 언어 또는 신체적으로 몰아붙일 수 있다. 그들은 공포에 질려 길을 잃을지도 모른다.

아니면 심지어 그들 자신의 정체성을 바꾸거나 무슨 일이 일어나고 있는지 몰라 헤맬 정도로 해리되면서 멈춰 버릴(셧다운) 수도 있다.

이러한 예측 불가능하고 두려운 반응은 미해결 애착이라고 불리는 패턴의 성인들에게서 나타나는 대표적인 모습이다.

예를 들어 배고픈 4개월짜리 아기를 둔 아버지가 미해결 애착 패턴을 가졌다고 하면, 아기가 우는 소리를 들었을 때 자신을 통제할 수 없게 될 수도 있다. 그의 미해결 애착 상태를 고려해 볼 때 보상 시스템, 신체 조절, 그리고 마인드사이트 네트워크가 어떻게 비논리적으로 작동할지 상상해 보자.

대부분 부모들에게는 단지 힘든 상황일 수도 있는 것이 그에게는 거의 정신적 충격으로 다가온다. 이때 그의 뇌에서 일어나는 신경 활성 상태는 어린 시절에 눈물이 공포로 이어졌을 때와 닮은 것이다.

그는 아기에게 달려가고 긴장된 상태로 갑자기 잡아 올리기 때문에 아기는 더 울게 되고 그로 인해 아기를 더 세게 붙잡을 것이다. 그는 아기의 우유병을 준비하기 위해 주방으로 갈 수도 있지만, 긴장으로 가득 찬 상황에 직면하여 무기력해지고 정신이 분열되기 시작한다.

울음소리가 커지자 공포가 그를 덮치고 알코올 중독자 아버지로부터 학대받았던 기억이 그를 덮치고 심장은 점점 더 빨라지게 된다. 그의 아버지가 자신의 머리채를 잡던 기억 속에서 길을 잃는다. 그는 곧 아기에게 고함을 지르기 시작했다는 것을 깨닫는다.

"조용히 해! 조용히! 정말 더 이상 견딜 수 없어!"

그러자 아기는 울음을 그친다. 아기는 이제 훌쩍거리며 다만 허공을 응시하고 있다. 그들은 둘 다 쩔쩔매고, 아기는 멍해진다.

이런 멍한 상태는 바로 아기가 아버지의 행동을 보는 동안 경험하는 공포에 대한 반응이다. 아버지는 겁먹은 상태이자 동시에 무서운 존재이다. 아기는 양육자로부터 도망치면서 동시에 양육자에게로 다가가려는 생물학적 모순을 만들어 낸다.

이런 상황은 분명히 문제가 있다. 아기 마음에 혼란을 줘서 분열을 일으킬 수 있다. 아기가 이 상황을 이해하거나 논리 정연한 적응을 개발할 수 있는 방법은 아무것도 없다. 불안정 애착의 다른 패턴들 중 조직화 된 형태에는 부모의 적절하지 않은 행동에 대한 전략적이고 적응적인 반응이 있다.

거부형 부모의 아기는 자신의 느낌을 무시하고 문제를 일으키거나 욕구와 감정을 전달하지 않는 법을 빠르게 배운다. 마찬가지로 몰두형 부모의 아기도 예측할 수 없는 양육자에 적응할 준비를 하고 있고 경계를 극도로 유지하는 것이 얼마나 중요한지 알게 된다. 이렇게 집요한 적응은 아기가 부모의 행동에 반응하는 패턴을 배워서 만들고, 미래에 이러한 패턴의 관계가 일어날 때 강렬하게 재창조되어 나타나는 근거가 될 수 있다.

그러나 이 경우처럼 부모의 혼란스럽고 해결되지 않은 행동이 무서운 방식으로 행해질 때 아기는 이해할 수 있는 어떠한 적응적 반응도 생각해 낼 수 없게 된다. 부모의 행동이 무섭고 체계나 질서가 없기 때문에 논리 정연한 전략이나 대처할 방법이 없다. 해결책이 없으면 그냥 겁에 질릴 뿐이다. 그 결과는 일상의 의식에서 정신의 해리 경험을 일으키는 연속적인 분열이다.

이는 감정을 조절하고, 타인을 상대하며, 좌절을 다루고, 가끔은 단순히 일관된 방식으로 삶을 헤쳐 나가는 데도 어려움을 겪게 한다.

이런 이유로 위에서 설명한 애착 패턴을 '혼란 애착'이라고 부른다. 이러한 애착 패턴이 발생하는 상황 중 하나는 트라우마가 있을 때이다. 부모의 학대와 방치(이를 발달 트라우마라고 한다.)가 신경 통합을 가능하게 하는 뇌 영역을 손상하는 것을 뇌 스캔을 통해서 확인할 수 있다. 이것으로 감정 조절 문제, 불충분한 사회적 의사소통, 학습 부진, 대인관계에서의 폭력 성향, 그리고 혼란 애착을 가진 아기에게서 보이는 다른 문제들을 설명할 수 있다.

그렇다면 학대나 방치까지는 아니더라도 혼란 애착으로 이끄는(종종 의도하지 않게) 무서운 행동을 하는 많은 부모들이 전형적으로 해결되지 않은 모든 종류의 트라우마와 손실을 경험했다는 것은 어쩌면 놀랄 일이 아닐 것이다. 그 부모들이 아기와 하는 상호작용은 그들 자신 부모와의 경험과 복잡하게 얽혀 있다.

예를 들어 한 아기가 카시트에 앉는 것을 원치 않아 엄마에게 고집을 피우고 있다고 해보자. 그리고 그 엄마는 아버지로부터 받은 학대의 결과로 혼란 애착 패턴을 가지고 자랐는데, 아버지는 다른 자매들에게는 호의적이고 자신에게 했던 학대를 하지 않았다고 상상해 보자.

아기가 안전띠 매는 것을 거절할 때 어린 시절 경험은 그녀의 반응에 크게 영향을 줄 수 있다. 아기가 "엄마는 하지 마. 아빠만 할 수 있어!"라고 말할 때, 그녀는 처음에는 침착하게 "아니, 이번엔 내가 할 거야"라고 말할지도 모른다.

그러나 아기가 "안 돼, 아빠가 해야 돼!"라고 고집할 때, 그녀의 신경계에 자리 잡은 기억 −그녀의 존재에 관한 이야기 속에 엮인 경험–은 재빨리 그녀의 마음을 차지하고 장악해버린다. 그녀는 자신을 보호해야 하는 아버지가 다른 자매들에게는 호의적이었으면서 자신을 때리던 때의 공포와 자포자기했던 느낌을 떠올리게 된다.

배신, 굴욕, 포기, 공황. 이 모든 것들이 아기의 정서적, 지각적, 육체적 기억 중에 '암묵적 기억'이라고 불리는 곳에 내장되어 있다. 그리고 지금 이순간, 그것이 뇌가 행동을 하도록 준비한다.

그래서 그녀의 두 살짜리 아기가 "엄마 말고 아빠가 채워줄 거야!"라고 말할 때, 아직도 해결되지 않고 남아 있는 트라우마로 가득 찬 이 엄마의 뇌에서는 그 암묵적 기억이 작동한다.

그녀는 자신이 하는 행동이 해결되지 않은 과거 경험과 관련이 있다는 것을 알지 못한 채 단순하게 반응한다. 그녀는 아들에게 굴욕감을 느낀다. 유능한 엄마가 되기를 간절히 바라는 그녀는 "카시트에 앉아!"라고 단호하게 말한다.

그러나 아기는 다시 "아니, 아니, 아니야. 엄마는 제대로 할 줄 모르잖아!"라고 말하고 그녀는 어린 시절로부터 떠올라오는 굴욕과 함께 부모로서의 그 무능감이 반향을 불러일으킨다. 수치심, 버려짐, 배신, 그리고 모든 종류의 감정들이 그녀 안에서 소용돌이치면서 어린 아들을 붙잡아 카시트에 강제로

앉히려고 한다.

그녀가 자제력을 잃는 순간까지는 채 10초도 안 되었다. 피질 아래의 그 모든 암묵적 기억이 활성화되었고, 아래층 뇌에 있는 원시 부분이 점령했다. 이제 어디로 튈지 누가 알겠는가?

극단적인 경우 그녀는 결국 절망에 빠져 쓰러지거나, 안으로 숨어들거나, 암묵적인 기억 속에서 길을 잃으면서 울며 비명을 지를지도 모른다. 그 순간 그렇게 변한 자신에 대해 완전히 두려워할지도 모른다. 그녀는 화를 내고 언어적으로나 정서적으로 자신을 학대할 뿐만 아니라 심지어 육체적으로도 상처를 입힐 가능성이 높다.

이런 일들이 바로 혼란 애착에서 비롯될 수 있는 것이다. 부모의 이러한 끔찍한 조절장애 사건이 의도하진 않았지만 어떻게 성인의 미해결 애착으로 연결되어 나타날 수 있는지 알 수 있다. 부모-아기 상호작용의 혼란스럽고 체계적이지 못한 고리는 반복되며, 삶에 어려움이 닥칠 때 개인적으로 대처할 수 없게 된다.

그들은 자신이 누구인지, 어떻게 건강한 관계를 가질 수 있는지에 대한 명확한 감각이 없다.

'똑똑 부-우 놀이'는 혼란스럽고 전혀 무의미할 것이다. 아기는 엄마의 혼란과 방향감각 상실에 어떻게 반응해야 할지 몰라 완전히 길을 잃게 될 것이다.

부모: 똑똑.
아기: 누구세요?
부모: 부~우.
아기: 부~우가 누구세요?
부모: 부우는 바로 너야! 난 네가 싫어, 이 울보야. 내 방에서 나가!

아기의 애착 패턴	양육 특징	아기의 생각
안정 애착	안정 애착 패턴: 연결하려는 아기의 시도에 민감하게 조율하고, 응답한다. 아기의 신호를 읽고 아기의 욕구를 미리 예측하여 충족해줄 수 있는 능력. 부모는 아기를 위해 믿음직스럽게 '함께 있어 준다.'	내 부모는 완벽하진 않지만, 내가 안전하다는 걸 알아. 내가 바라는 것이 있으면 엄마는 그걸 보고 즉각적이고 세심하게 반응할 거야. 나는 다른 사람들도 그렇게 할 것이라고 믿을 수 있어. 내 내면의 경험은 진짜이고, 표현되고 존중받을 가치가 있어.

불안정 애착: 회피	**거부 애착 패턴:** 아기의 신호와 욕구에 대한 무관심. 아기의 정서적 욕구에 대한 조율 부족.	내 부모는 가까이에 자주 있을지 모르지만, 내가 필요로 하는 것이나 내가 어떤 느낌인지에 대해서는 신경 쓰지 않아. 나 역시 내 감정을 무시하고 욕구 표현은 안 할 거야.
불안정 애착: 양가	**몰두형 애착 패턴:** 때로는 조율하고, 민감하며, 아기의 신호와 욕구에 반응하지만 때로는 그렇지 않다. 때때로 거슬린다.	나는 부모가 어떻게 반응할지 몰라서 끊임없이 긴장해야 해. 결코 방심할 수 없어. 사람들이 나를 위해 함께 해줄지는 믿을 수 없어.
불안정 애착: 혼란	**미해결 혼란 애착 패턴:** 때때로 아기의 신호와 욕구에 전혀 적절하게 대응하지 못하며, 방향을 잃거나 무섭게 하거나 무서워하거나 혹은 둘 다이다.	내 부모는 무섭고 혼란스럽다. 난 안전하지 않아. 날 안전하게 해줄 사람은 아무도 없어. 어떻게 해야 할지 모르겠어. 나는 속수무책이야. 사람들은 무섭고 신뢰할 수 없어.

이제 우리는 이 완성된 표를 통해, 어릴 때 혼란 애착 패턴을 가진 성인뿐만 아니라 그의 아기에게도 그런 기능 장애가 일어나는 이유를 알 수 있다.

학대와 방치라는 발달 트라우마의 극단적 사례가 일반적이라고 한다면 혼란 애착이 통합을 위해 어떻게 아기의 뇌 안에서 중대한 절충을 하는지 알 수 있다.

처음 트라우마 또는 방치와 유사한 조건이 발생하면 뇌의 상태는 맥락에 따라 특히 위협 상태로 활성화하는 경향이 있고, 이때 이러한 분열의 생존 모드에 있게 되면 아기를 포함하여 다른 사람들과의 상호작용을 위한 현존을 더 이상 할 수 없다.

불안정한 애착의 다른 패턴들이 친밀한 관계에서 어려움을 일으키는 것은 확실하지만, 아기에게는 적어도 체계적이고 적응적인 전략을 갖게 한다. 그것이 감정을 차단하고 분리하는 것이든(회피 애착에서처럼), 아니면 친밀한 관계에 긴장을 고조시키고 안절부절 못하든(양가 애착에서처럼).

그것들은 최소한 아기가 부모에게 받는 안정 애착의 부족함에 대해 일관된 응답을 개발할 수 있게 해준다. 즉 마음을 닫거나 격렬해지는 것이다. 이와는 달리 미해결 혼란 애착 패턴은 아기를 혼란스럽게 하고 이해할 수 있는 어떤 대처 전략도 없는 상태로 남겨 둔다.

어떤 면에서 혼란 애착은 아기가 다가가는 접근법과 회피하는 행동을 동일한 양육자를 향해 시도하려는 것처럼, 애착 장치를 가속하는 것과 정지하는 것 둘 다를 포함하는 것으로 이해될 수 있다. 게다가 인식론적 신뢰(무엇이 실제인지 아닌지 아는 방법에 대한 앎)가 깨지면 그러한 내면의 분열이 더 큰 공포와 혼란으로 채워질 수도 있다. 이러한 외적 행동의 역설은 아기가 청소년기에 접어들고 그 이후 어른으로 자라면서 스트레스를 다루는 내면의 해리적인 심리 과정을 강화한다.

우리의 인생 이야기를 이해한다는 것

애착 연구자들이 자주 반복하는 이 연구는 우리에게 무엇을 보여 주는가?

다시 말하지만 이것은 우리가 예상했던 것과 꽤 일치한다. 정서적으로 민감하고 적절하게 응답하는 부모는 일반적으로 아기를 회복력 있고, 정서적으로 건강하게 키운다. 그리고 그 아기는 대개 잘 적응하고 서로 도움을 주고받는 관계를 강화할 수 있는 행복한 어른으로 성장한다.

확실히 유전은 아기가 어떻게 자랄지에 강한 영향을 미친다. 하지만 아기의 발달과 세상에 대한 관점을 가지는 데에 부모가 얼마나 큰 영향을 미치는지는 너무나도 분명하다. 이는 아기의 어린 시절과 어른이 될 때까지 모든 시기에 다 해당하며 심지어 빠르면 생후 일 년까지도 그렇다.

이런 애착 패턴 중 어떤 것이 당신에게 와 닿는가?

이 설명들 중 하나에서 당신의 부모나 혹은 당신 자신을 보게 되는가? 불안하거나 해결되지 않은 몇몇 패턴이 당신에게 울림이 있다면 당신에게 줄 커다란 희망의 메시지가 있다.

당신이 부모로부터 안정 애착을 받지 못하였더라도 당신의 아기에게는 그것을 줄 수 있다는 것이다. 안정 애착은 배우고 습득될 수 있는 것이다.

과거를 이해하는 방식은 바꿀 수 있다

누구나 아기에게 민감하고 잘 조율하고, 안정 애착을 갖고 자라도록 돕고 싶어 한다. 만약 우리 자신에게서 회피, 양가, 또는 혼란 애착의 특성이 나타나는 것을 발견한다면 어떻게 해야 할까? 우리는 같은 패턴을 반복할 운명일까?

'절대 그렇지 않다'는 것이 애착 과학이 주는 매우 고무적인 메시지다. 사람들은 종종 초기 애착 경험이 중요하고 변하지 않는다고 믿는다. 그것은 매우 중요하지만 확실히 바꿀 수 있다.

바로 여기가 '획득된 안정 애착'을 만들 지점이다. 안정적인 관계를 맺는 방법을 배움으로써 안정 애착을 획득할 수 있다.

그렇다. 당신의 부모가 당신을 양육한 그 방식은 당신이 세상을 보고 아기를 양육하는 방식에 상당한 영향을 미친다. 하지만 더 중요한 것은 당신이 '자신의 어린 시절 경험을 어떻게 이해했는가' 하는 점이다.

즉 당신의 마음이 '현재 당신이 누구인지를 설명하는 기억을 어떻게 형성하는가'이다. 과거를 바꿀 수는 없지만, 과거를 이해하는 방식은 바꿀 수 있다. 만약 당신 자신의 인생 이야기를 당신 부모에게서 볼 수 있고 왜 그가 그렇게 행동했는지 이해한다면, 당신의 어린 시절 경험이 당신의 발달에 어떻게 영향을 미쳤으며, 아기를 양육하는 방법을 포함하여 당신의 현재 관계에 계속해서 어떻게 영향을 미치는지에 대한 인식을 얻을 수 있다.

이것이 당신이 안정 애착을 획득하는 방법이다. 우리는 앞으로 당신 아기와 상호작용하는 방식이 어떻게 당신 자신의 애착 이력을 이해하는 과정에서 핵심 요소가 될 수 있는지에 대해 논의해 볼 것이다.

우리의 인생 이야기를 이해한다는 것은 구체적으로 무엇을 의미하는가? 우리가 말했듯이 그 핵심은 애착 과학자들이 말하는 '일관된 이야기'를 개발하는 것이다.

가족에 대한 경험의 긍정적이고 부정적인 측면 모두에 대해, 그리고 그것들에 대해 어떻게 느끼는지에 대해 성찰하고 인정하는 것이다.

그러면 우리는 이러한 경험들이 우리의 뇌와 관계의 모델에 어떻게 영향을 미쳤는지 알 수 있다. 예를 들어 일관된 이야기란 부분적으로 다음과 같은 것일 수도 있다.

"내 엄마는 늘 화가 나 있었어요. 우리를 사랑했다는 것에 대해서는 의심의 여지가 없어요. 하지만 엄마의 부모는 엄마를 정말로 계속 비난했어요. 엄마의 아버지는 일만 했고, 어머니는 알코올 중독자였어요. 엄마는 여섯 아이 중 나이가 가장 많아서 항상 완벽해야 한다고 느꼈지만 그럴 수 없었다는 사실은 확실했어요. 엄마는 모든 감정을 억눌렀고 최대한 자제하려고 노력했지만, 무언가가 잘못될 때마다 감정은 폭발했어요. 그 타격은 보통 나와 내 여동생들이 가장 많이 받았고 심지어는 체벌을 받을 때도 있었어요. 나는 종종 내 아기가 많은 것을 하지 않아도 내버려 두는 게 걱정되는데, 그 이유 중 일부는 아기가 완벽해야 한다는 압박감을 느끼지 않길 바라기 때문이라고 생각해요."

우리들 중 많은 사람들처럼 이 여성도 분명히 이상적이지 않은 어린 시절을 보냈다. 하지만 그녀는 그것에 대해 분명하게 말할 수 있고, 심지어 자신의 엄마에 대한 연민을 발견하고, 그것이 자신과 자신의 아기에게 어떤 의미인지 성찰할 수 있다. 그녀는 기억에서 이해로 쉽게 이동하면서 자신의 경험에 대한 구체적인 내용들을 말할 수 있다. 그녀는 과거를 거부하거나 그것에 몰두하고 있는 것이 아니다. 이것이 일관된 이야기다.

성인으로서 안정 애착을 가진 많은 사람들은 완벽하지는 않더라도 대부분의 시간 동안 아기의 욕구에 일관되게 응답하면서 잘 돌봤던 부모 밑에서 성장했다. 그러나 또 다른 사람들은 앞의 여성처럼 안정 애착을 '획득'해야만 했다. 이는 그의 부모가 그가 성인이 될 때 안정 애착을 갖게 하는 어린 시절을 선물하지 않았음에도 불구하고 자신들이 겪었던 일을 이해함으로써 이 장애물들을 극복했다는 의미다. 이러한 이해 과정은 내면의 성찰이나 개인 간의 연결을 통해 일어날 수 있다.

이에 반해서 이러한 정서적인 작업을 통해 안정 애착을 얻지 못한 성인들은 그의 인생 이야기를 명쾌하고 이해하기 쉬운 방식으로 말하는 데 어려움을 겪는다. 예를 들어 거부 패턴을 가진 사람의 이야기는 종종 분리되고 관계, 감정, 그리고 과거에 대한 중요성에 거부 반응을 나타낼 것이다. 그런 개인들은 가족이나 어린 시절의 인생 경험에 대한 성찰에 관해서 아무리 잘 표현한다 하더라도 그 경험을 이해하는 일관된 이야기를 하는 것이 어렵다는 것을 발견할 수도 있다.

그들에게 어린 시절 가족의 삶을 물어보면 특정한 기억, 특히 정서적이고 관계적인 경험에 대해 세세하게 떠올리는 것을 내켜 하지 않거나 못할 수도 있다. 그들은 자신들의 어머니가 '사랑하고 있었다'고 주장할지 모르지만, 그 이야기를 뒷받침할 구체적인 어떤 기억도 여전히 내놓을 수 없다.

그의 어린 시절 이야기는 분리와 정서적, 관계적으로 메마른 환경에서 자랐음을 반영할 수 있다. 그들은 "그래도 괜찮아요. 어쨌든 난 그런 이야기는 다 싫어요"라고 말할 수도 있다. 자서전적 기억과 성찰에 대한 접근이 이렇게 어려운 것은 앞에서 말했듯이 부분적으로 신경학적 적응과 연관되었을 수도 있다.

즉 우반구의 자서전적 기억과 신체 신호에 대한 감각 발달의 저하에 기인하는 회피와 연관되었을 수 있다.

혹은 이와 대조적으로 그 사람은 과거의 세세한 것들에 너무 많은 관심을 기울여서 그 안에서 실제로 길을 잃게 될 수도 있다. 이것은 그 사람이 과거의 사건들과 성인이 되어 자신의 삶에서 최근에 일어난 사건들을 혼합한 혼란스러운 이야기를 표현하는 몰두형 애착 패턴의 증거가 될 것이다.

몰두형 패턴이라는 말은 그 이야기가 관계, 감정, 그리고 과거에 몰두하기 때문에 붙여진 이름이다. 이것은 우반구의 자서전적 기억이 엄청나게 쏟아져 나오고 신체에서는 정서적으로 활성화된 상태가 발생하는 것으로 볼 수도 있다. 몰두형 패턴인 사람은 주제에 집중하는 데에 어려움을 겪으며, 그 이야기를 단절되고 혼란스러운 채 남겨 두었다가 그것을 다시 떠올릴 때 쉽게 넘쳐버린다.

불안정 애착의 마지막 패턴인 미해결 애착을 가진 사람은 부모가 두려워하거나 자신에게 공포를 느끼게 했던 '대책 없는 공포'를 경험했을 수 있다. 이쯤에서 당신도 예상하겠지만, 이런 종류의 어린 시절 관계 트라우마는 자란 다음에 종종 자기 이야기에서 과거에 대한 명확하고 명료한 의사소통을 방해한다.

이런 경우, 미해결 애착 패턴은 특히 위협, 공포, 죽음 또는 그 사람의 트라우마와 관련된 주제에 관해 물었을 때 이야기를 일관성 없게 만든다. 그들은 세세한 내용에서 길을 잃을 수도 있고 심지어 이야기하면서 해리나 무아지경과 같은 변조된 의식을 경험하고, 그 결과 근본적으로 파편화된 이야기를 하게 된다.

  거부, 몰두 혹은 미해결 애착 중 어떤 패턴이든 그들은 각각의 독특한 비일관성 때문에 자신들의 과거에 대한 이야기를 일관되게 할 수 없다. 그리고 일관된 이야기 없이는 그가 어디에 있었고, 어떻게 지금의 자신이 되었는지를 이해하는 데 어려움을 겪을 것이다. 그가 부모로서 아기를 키운다면 그들 자신의 양육자가 했던 실수를 반복할 것이다. 즉 그들은 미흡한 방식으로 연결된 뇌를 물려받았고, 그 관계 패턴을 다시 아기에게 유산으로 물려줄 것이다.

  그러나 과거를 돌아볼 용기를 내고 성찰하는 능력을 길러서 과거로부터 도망치지도, 몰두하지도 않는 명확하고 일관된 방식으로 자신의 이야기를 할 때 과거의 상처를 치유하기 시작할 수 있다. 그렇게 함으로써 뇌를 다시 연결해서 아기가 우리와 안정 애착을 더 잘 형성할 수 있게 할 수 있다. 그 단단한 관계는 그들 삶의 전반에 회복 탄력성의 원천이 될 것이다.

당신 탓이 아니다

어린 시절 당신의 부모가 함께 있어 주지 않은 것은 당신 탓이 아니다. 이 사실과 함께 당신이 만들지 않은 과거로부터 이제는 자신을 해방할 힘을 갖고 있다는 것을 깨닫는 것은 엄청나게 자유로운 경험이 될 수 있다.

그다음, 그런 해방에서 더 나아가 임상 의사들이 '자기 주체성'이라고 부르는 앞으로 나아가는 행동에 대한 책임을 지기 시작할 수 있다.

어느 부모가 말했듯이 "나에게 일어났던 일은 내 탓이 아니다. 하지만 지금 하는 일은 내 책임이다."

진실은 우리가 지금의 내가 되었으며, 지금 내가 가지고 있는 행동 패턴은 그 당시의 특정한 상황에 적응할 수 있게 했던 전략의 한 부분 때문에 발달했다는 것이다.

우리는 살아남기 위해 전략을 찾고 최선을 다한다. 다시 말해, 우리가 처한 환경에 적응하는 과정에서, 특히 아기로서 가족들 안에서 살아남기 위해 자신이 필요로 했던 것을 한 것이다. 하지만 성인이 되었을 때, 그러한 생존 전략의 패턴은 족쇄가 되었을 수도 있다.

관계처럼 애착 패턴도 변할 수 있다

그리고 바로 그러한 전략들이 애착에 대한 보상체계의 작동, 몸 상태를 감지하고 조절하는 방법, 그리고 마인드사이트를 갖고 우리 자신과 다른 사람들의 내면의 정신적 삶을 아는 방법 등에 깊은 영향을 미쳤을 수도 있다.

그러나 거기에 갇혀 있을 필요는 없다. 당신은 자신이 만든 감옥에서 해방될 수 있다. 관계가 변할 수 있는 것처럼 애착 패턴도 변할 수 있다. 삶을 '이해'하게 될 때, 그것은 단순한 지식이 아니다.

그것은 실제로 우리의 보상 감각, 신체 조절, 통찰을 재구성한다. 이해한다는 것은 우리가 누구이며 친밀한 관계 안에서 어떻게 '우리'가 되는지의 핵심에 깊이 통합하는 과정이다. 그리고 양육에 있어서 우리 자신의 삶을 이해한다는 것은 우리가 되길 원하는 부모가 되도록 자유로워질 수 있다는 것을 연구는 보여 준다.

양육자에 의해 완전히 새로운 연결 방식을 경험하는 아기는 애착 패턴에 변화를 겪을 수 있다. 성인도 마찬가지다.

불안정 애착을 가진 사람이 어른이 되어서 안정 애착을 가진 파트너와 인생을 함께 하는 것은 다른 사람과의 관계에서 더 자유롭고 연결된 패턴으로 나아가는 데 도움이 될 수 있다. 우리는 언제나 변할 수 있다!

안정 애착은 획득할 수 있고, 배울 수 있다.

댄은 90대의 누군가를 상담한 적이 있다. 그 사람은 배우자와 그의 가족을 위해 자신의 관계 전략, 즉 성인 애착 패턴을 '함께 있어 줄' 수 있는, 더 자유롭게 사랑하는 방식으로 완전히 바꾸었다. 그의 아내는 댄에게 남편에게 '뇌 이식'을 했냐고 묻기까지 했다.

요컨대, 과거의 경험들이 우리의 삶과 양육 방식을 지배하게 놔두지 않아야 한다. 우리는 이야기를 바꿀 수 있다. 우리 자식과 손자들의 미래를 바꿀 수 있다.

연구에 의하면 심지어 나중에 일관된 이야기를 만들어 냄으로써 안정 애착을 획득해야 하는 부모들일지라도, 운 좋게 더 좋은 어린 시절을 보냈고 '지속적인 안정 애착'이라고 불리는 것을 받을 수 있었던 사람들만큼이나 효과적으로 자신들의 아기를 양육할 수 있다.

댄은 오랫동안 과거에 맞서는 데에 도움이 되는 비유를 사용해 왔다. 개에게 물린 것과 같은 트라우마가 있다면, 그것으로부터 멀어지는 것이 우리의 자연스러운 충동이라는 것을 충분히 이해할 수 있다. 그러나 개가 손을 물었을 때, 손을 잡아당기면 개의 이빨은 더욱 강하게 파고들고 당신의 몸부림은 물린 상처를 더 악화시킨다.

만약 그때 개의 목구멍으로 손을 더 밀어 넣는다면, 개는 목이 막히면서 실제로 물고 있던 당신의 손을 놓아준다. 손상을 최소화하고, 치유를 최적화하는 것이다.

트라우마도 이와 마찬가지다. 우리는 당연히 트라우마를 되새기는 것을 싫어한다. 그 고통스러운 기억들과 생각에 의해 감정이 잠겨버리는 걸 원하지 않는다. '그건 과거고 바꿀 수 없는 것에 연연하는 것이 무슨 소용이 있겠는가?'

그러나 실제로는 기억을 불러와 '이야기적 성찰'과 결합하면 기억은 바뀔 수 있다. 해결되지 않은 상실이나 트라우마는 치유될 수 있고, 바로 삶에 대한 이해의 과정이기 때문에 일관된 이야기는 우리가 훨씬 더 강해지는 데 도움이 될 수 있다.

어떤 사람들은 그것을 '트라우마 후 성장'이라고 부른다. 당신에게 상실, 학대, 방치 등을 경험하라고 요구하는 사람은 아무도 없지만, 만약 그런 것들이 일어난다면 용기와 마음의 힘, 그리고 친밀한 관계를 이용해서 곧바로 그 상실과 트라우마에 주의를 집중하는 것이 도움이 될 것이다.

"삶의 모든 것들을 스승으로 삼아라"는 말은 삶에서 직면하는 피할 수 없고 예상치 못한 도전 가운데서 잘 성장하기 위해 우리가 배울 수 있는 방법 중 강력한 전략이다. 도전을 성장의 기회로 볼 수 있다. 당신 내면의 강인함에서, 그리고 지금 다른 사람들과 만족스럽게 연결된 관계를 통해 상처를 치유하고 존재감과 사랑을 강화할 것이다.

어떤 사람들에게는 이것이 당신의 아버지와 그의 거부 애착 패턴에 대한 이해를 이야기하는 것과 같이 과거를 성찰하는 비교적 단순한 과정이 될 수 있다. 예를 들어 당신은 아버지의 과거를 보면서 아버지가 어릴 때 그의 부모들이 정서적으로 함께 있어 줄 수 없을 정도로 오랜 시간을 일했던 가난한 환경에서 자랐다는 것을 이해할 수도 있을 것이다.

아마도 그의 부모는 그가 불만스러워할 때마다 "징징거리지

마. 감사한 줄 알아야지"라고 말했을지도 모른다. 결과적으로 그는 회피 애착 패턴을 갖게 되어 자신의 아이를 거부하는 방식으로 양육하게 되었을지도 모른다.

그는 다른 사람들과의 관계에서 대체로 좌뇌 지배적인 경험을 했을지도 모른다. 즉 비언어적 신호를 놓치고, 가까운 사람들에게 말하거나 자신에 대한 자서전적 이해가 제한적이었을 수도 있다.

이 새로운 알아차림은 당신의 아버지에 대해 연민을 느끼게 할 수 있는데, 여기서 당신은 이렇게 말할 수 있다.

"내 아버지는 아버지로서는 정말 나를 실망시켰지만, 나는 왜 그런지 알 수 있다. 아버지는 자신의 부모로부터 정서적인 기술이나 의지할 수단을 결코 받아 본 적이 없었다. 그래서 더 깊고 의미 있는 방법으로 나와 함께 있어 주는 방법을 몰랐던 것은 당연하다. 그것이 나에게 고통스러웠고 나는 외로움을 많이 느꼈다. 그리고 나는 내 아이가 나에게 다가올 수 있을 만큼 친밀하고, 연결된 관계를 맺고 있는지 확인하고 싶다. 비록 아이의 마음이 과거 내 어린 시절 마음과 좀 다르더라도 그 마음을 알고 싶다."

다른 사람들에게는 이 과정이 훨씬 더 복잡할 수 있고 심지어 고통스러울 때도 있다. 그럴 때는 그 과정에 도움을 받는 것이 당신을 잘 돌볼 수 있는 방법이 될 것이다. 예를 들어 심리치료는 종종 우리가 자신의 이야기를 이해하는 데 도움을 주는 강력한 도구가 되기도 한다. 사실 그 치료 과정은 안정 애착 관계를 모의 실험할 수 있다. 당신이 부모의 이야기를 이해하고 그 실마리를 풀어가거나, 또는 부모의 경험과 그가 당신에게 필요했던 그런 부모가 되는 데 실패했던 이유에 대해 당신이 공감하도록 도와 줄 때에도 당신은 안전하고, 관심 받고, 진정되며, 안정을 느끼는 경험을 하게 된다.

가장 중요한 것은 치료가 뇌를 통합하는 데 도움을 줄 수 있다는 것이다. 즉 지금, 그리고 미래에 안정 애착을 만들어가는 방식으로 아이와 소통하고 그들과 함께 있어 주기 위해 과거와 현재를 통합하는 것이다.

우리는 모두 어린 시절에 대한 일관된 이야기를 개발할 필요가 있다. 일반적으로 이 이야기는 아이에게 하는 것이 아니라 우리 자신이나 친밀한 성인들에게 한다. 우리의 발달에 영향을 준 부모, 그리고 다른 양육자들과의 경험을 성찰하는 것은 중요하다. 또한 우리가 경험했던 것이나 놓쳤던 것을 어떻게 다루었어야 했는가 하는 점을 성찰하는 것도 똑같이 중요하다.

우리가 비록 어렸을 때 사랑의 관계를 누리지 못했다 하더라도 우리는 모두 연결에 대한 욕구를 가지고 태어났다는 점을 기억하라. 그래서 우리는 종종 알아차리지는 못하고 있지만 친밀한 연결이 부족했음을 느끼고, 우리 삶에서 빠진 것들에 대한 고통을 이해할 필요가 있다.

왜냐하면 이런 일관된 이야기 없이는 우리 부모들이 실수한 것처럼 우리도 고통스러운 그 유산을 반복해서 물려줄 가능성이 있기 때문이다.

그러나 우리의 경험을 이해하고 부모들의 상처를 파악하기 위한 치료를 할 때, 그 순환 고리를 깨고 불안정한 애착의 유산을 물려주는 것을 피할 수 있다. 당신은 용서에 대해 궁금해할 수도 있을 것이다.

동료이자 친구인 잭 콘필드는 용서라는 중요한 과정에 대한 멋진 생각을 가지고 있다. 그에 따르면 용서란 더 나은 과거에 대한 모든 희망을 내려놓는 것이다. 이런 면에서 우리는 과거를 너그럽게 봐주고 괜찮다고 말하기 위해서가 아니라, 그 과거를 지금 와서 바꿀 수 있다는 착각을 내려놓기 위해 용서하는 것이다.

자신의 삶을 이해하면서 일어나는 수용과 용서는 깊은 해방을 누리게 한다. 여러 가지 방법으로 적응해야만 했던 우리 자신을 용서하게 되고, 지금까지의 자신뿐만 아니라 현재 되고 싶어 하는 자신도 받아들이게 된다.

쉽지는 않지만 어린 시절의 기쁨과 고통 모두에 대한 이야기를 이해하는 이런 중요한 작업을 하는 것이 아이에게 어떤 선물을 주게 되는지 생각해 보라. 당신의 과거에 대한 일관된 이야기를 개발할 때 당신이 되고 싶은 그런 부모가 될 수 있고, 아이에게 안정 애착을 물려줄 수 있다.

그것은 강하고 의미 있는 방식으로 당신과 연결되어 있다고 느끼게 할 것이다. 그렇게 되면 그 선물을 또 누가 받게 될까?

그렇다. 손주들이다. 그리고 증손주들도. 내면 작업을 통해서 당신은 안정 애착을 획득함으로써 불안정 애착의 순환 고리를 끊고 후세들의 삶을 향상시킨다.

바로 이것이 다음 장부터 특히 아이와 함께 있어 준다는 것이 무엇을 의미하는지 탐색할 때 우리가 당신에게 전하는 무엇보다 중요하고 진심에서 우러나온 메시지이다. 당신의 어린 시절 양육이 어떠했든, 그리고 과거에 어떤 일이 있었든 당신은 당신이 되고 싶은, 사랑 가득하고 감수성 강한 부모가 될 수 있다. 아이와 함께 있어 주고, 아기가 행복하고, 성공하고, 완전히 그들 자신이 되도록 키우는 부모가 될 수 있다.

다음 장부터는 어떻게 하면 아이와 그런 관계를 형성할 수 있는지 구체적으로 알아볼 것이다. 그 과정에서 당신 자신의 애착 이력과 그것이 아이와의 상호작용에 어떤 영향을 미치는지 생각해 볼 수 있는 더 많은 기회를 제공할 것이다.

THE POWER OF SHOWING UP

Chapter 3

안전

—

아이가 안전하다고 느끼게 돕기

배우자의 양육 방식에 문제가 있다면

  앞 장에서는 자신의 역사를 더 완전히 이해하는 시간을 갖는 것이 중요하다는 점과 그것이 아이와의 상호작용 방식에 어떤 영향을 미치는지에 초점을 맞췄다.

  이제 아이가 '안전하다고 느끼고', '관심받고', '진정되고', '안정을 느끼게' 만드는 '함께 있어 주기'의 네 가지 요소로 돌아가서 그것이 실제로 아이에게 무엇을 의미하는지 더 깊이 살펴보겠다.

  아이를 위해 가장 먼저 해야 할 일은 아이를 안전하게 지키는 것이다. 따라서 '안전'이 '함께 있어 주기'의 맨 첫 번째 요소인 것이다.

아이를 안전하게 지키는 것이 양육자의 일이라는 것은 분명한 것 같다. 하지만 우리는 전 세계의 부모들과 대화하면서 많은 부모들이-심지어 아이에게 가장 좋은 것을 주고 싶은 자상한 부모까지 포함해서-아이를 안전하게 지키는 것이 무엇을 의미하는지에 대해 깊이 생각하지 않고 있다는 사실을 알게 되었다.

겉으로 보기에 완벽하더라도

우리가 여기서 말하는 것 중 어떤 것들은 당신을 놀라게 할 것이다. 심지어 일부는 당신을 불편하게 할 수도 있다. 만약 이제부터 하게 될 이야기가 당신에게 영향을 주지 않거나 관련이 없어 보인다면, 그것은 아주 좋은 일이다.

당신은 이미 아이의 삶에 안전의 기반을 만들었을 수도 있다. 그것은 4장부터 말할 다른 모든 것들의 기초가 될 것이다.

하지만 우리는 부모, 또는 임상의로서의 경험을 통해 많은 양육자들, 어쩌면 우리들 대부분이 적어도 가끔은 아이가 두려워하는 말이나 행동을 하고 있다는 것을 알고 있다. 그리고 아이는 어떤 식으로든 두려움을 느끼거나 위협을 느낄 때, 안전하다고 느끼지 못한다. 그때 몸과 뇌의 위협 대응이 활성화되고, 그 반응은 안전과는 반대이다.

그래서 이 장을 읽을 때 열린 마음을 가져 보길 바란다. 여기서 말하는 것이 당신의 아이와 관련이 있는지 살펴보라. 이 연구는 아이의 삶에서 두려움의 상태를 만들어 내는 학대, 무시, 그리고 어린 시절의 다른 부정적인 경험들이 대부분의 사람들이 인식하는 것보다 훨씬 더 흔하다는 것을 보여 준다.

즉 당신은 아이를 대하는 방식에 자신이 있다고 생각하더라도 당신의 주변에는 이 장에서 언급하고 있는 '안전 기반에 대한 침해'로 이미 아이에게 영향을 주었거나 앞으로 영향을 줄 수 있는 사람들이 있다.

즉 배우자나 다른 가족 또는 다른 양육자들이 그들일 수 있다.

우선 용어 정의부터 시작하자. 아이가 안전하다고 느낄 수 있도록 돕는 것에 대해 이야기할 때 그것은 신체뿐 아니라, 정서적, 관계적 안전에 대해도 이야기 하는 것이다. 카이틀린에 대해 말해 보자. 카이틀린은 겉보기에는 모든 것이 순탄한 것 같은 초등학교 5학년 아이다. 건강하고 총명하며 부유하진 않지만 충분한 음식과 깨끗하고 해가 될 만한 위협 없이 안심하고 생활할 수 있는 안정된 공간을 제공하는 부모가 있다. 다시 말해서 적어도 겉으로 보기에는 완벽하게 안전하다.

그러나 좀 더 깊이 들어가 보면 아이의 세계는 완전히 다르다. 특히 아버지 크레이그가 가까이 있을 때는 더욱 그렇다. 아버지는 아이의 삶을 휘젓고 자주 비난하고 버럭 화를 내며 잘못한 것이 없는데도 호통을 친다. 아이가 스웨터를 거실에 놔두거나, 저녁 식사 후 깜빡 잊고 그릇을 싱크대에 넣지 않은 것과 같이 사소하게 놓치는 일들은 자주 아버지의 비난과 분노를 야기한다. 심지어 아버지가 토요일 오후에 TV로 경기를 보는 동안 아이 혼자 콧노래를 불렀을 때도 아버지의 노여움을 사고, 어떤 때에는 아버지가 동생에게 소리를 지르는 것을 보면서 겁에 질린 방관자가 되기도 한다.

아버지는 가끔, 특히 기분이 나쁠 때, 카이틀린의 옷과 심지어 체중을 문제 삼아 외모에 대해 트집을 잡곤 한다.

카이틀린의 예를 보면 다른 패턴의 안전 문제가 있음이 분명하다. 카이틀린의 기본적인 신체적 욕구는 돌봄을 받는 것이지만 아버지로부터의 정서적 보살핌에서는 안전함을 거의 경험하지 못한다. 집에서 쉴 수조차 없다. 정서적으로 안전하지 않은 게 분명하다.

사실 느낌을 표현하는 것조차도 안전하지 않다. 아버지의 노여움이나 비난에 울면 아버지는 카이틀린에게 "뭐가 그렇게 예민해? 넌 아기가 아니야!"라고 소리친다. 아니면 아이의 정서적인 반응에 대해 비난하며 "넌 더 강해져야 해"라고 말한다.

다행인 것은 카이틀린이 마음 한구석에 어머니 제니퍼를 간직하고 있다는 것이다. 어머니 제니퍼는 아버지 크레이그가 카이틀린을 비하할 때 항상 용감하게 그녀를 옹호하지는 못하지만, 한결같은 지지와 격려로 아버지의 폭풍에 피난처가 되어준다.

결과적으로 카이틀린은 자신이 경험하는 두려움에도 불구하고, 어떤 면에서 자신의 회복력을 일정 정도 발달시키고 있다. 실제로 그녀는 삶의 여러 측면에서 전반적으로 잘 해내고 있다. 그녀는 학교와 친구들을 사랑하고, 자신이 참여하는 다양한 활동들을 즐긴다.

하지만 아버지와의 부정적이고 굴욕적인 경험은 그녀의 전반적인 회복력, 그리고 스트레스와 갈등에 대해 신경계가 대응하는 방법에 타격을 입을 가능성이 높고, 이로 인해 현재와 미래의 도전에 취약할 수 있다. 그러나 가장 많은 시간을 함께 하는 어머니와 일차 안정 애착을 가지고 있다는 사실이 그녀의 발달에 대한 부정적인 영향들을 어느 정도 상쇄할 것이다.

이와 대조적으로, 만약 크레이그가 혼란스러운 상호작용을 하는 일차 양육자였다면 카이틀린의 발달은 훨씬 더 심각한 영향을 받았을 것이다.

우리는 배우자의 양육 방식에 대해 걱정하는 모든 부모들로부터 다음과 같은 말들을 듣는다.

"저는 남편이 우리 아이에게 말하는 방식이 싫어요. 그는 내가 아이에게 아첨하고 있다고 생각해요." 또는 "아내는 양육에 대한 개념이 정말 없어요. 그녀는 훈련 하사 같아요."

또한 분담 양육(이혼 후 양육을 분담하는 것)을 하는 경우에 다른 쪽 부모가 아이를 겁주고, 고함치고, 비명 지르고, 아이의 행동에 쉽게 좌절하며, 심지어 아이의 몸을 너무 거칠게 다룬다고 걱정하는 말을 자주 한다.

당신은 이미 아이와 신체적 정서적으로 함께 있어 주는 한 명의 양육자를 갖는 것이 얼마나 강력한지에 대해 강조하는 말을 들었고, 그것은 이 책 전체에서 더 논의할 것이다. 카이틀린은 부모와 함께 좋고 나쁜 다양한 경험을 하고 있으며, 가족 세 사람 사이의 다양한 역학관계는 안전이 관계에서 무엇을 의미할 수 있는지에 대해 많은 것들을 보여 준다.

내면의 안녕감에 도달하는 아이

 안정 애착이라는 관점에서 '안전'이 무엇을 의미하는지 명확히 하기 위해 기초부터 살펴 보자.
 안전은 기본적인 생존과 신체적 욕구, 즉 음식, 피난처, 보호에서 시작된다. 그것은 또한 전반적인 건강을 의미한다. 우리는 패스트푸드를 제한하고 야채를 먹으라고 한다. 아이가 자외선 차단제를 바르고 이를 닦도록 한다. 그리고 마찬가지로 다른 누군가, 심지어 부모인 우리에게서 비롯되는 신체적, 정서적 해로움으로부터 아이를 보호하는 것 또한 중요하다.
 아이는 자신들을 안전하게 지키는 것이 부모의 일임을 안다. 그런 기대는 그의 뇌 속 깊은 곳에 있다. 안정된 관계에서 위협이 나타날 때 아이는 본능적으로 우리를 찾아올 줄 안다. 유전자의 정보로 형성된 뇌는 그 유전자와 함께 수천 년에 걸쳐 진화하여 양육자의 임무가 아이를 안전하게 보호하는 것이라는 깊고 변치 않는 무의식적인 확신을 발달시켰다. 그래서 위협에 직면했을 때, 뇌는 엄마나 아빠 또는 다른 애착 인물을 즉시 찾아야 한다는 신호를 아이에게 보낸다. 뇌의 모든 주의와 몸의 모든 자원은 생존과 안전을 먼저 추구한다.

그것은 오랜 진화의 역사에 적용된 포유류의 특징에 해당하는 것이다. 정글의 침팬지는 어떤 경계의 소리를 듣거나 포식자를 보고 즉시 본능적으로 애착 대상인 어미에게로 간다. 그 어미는 새끼를 보호한다. 즉 새끼를 붙잡고 달아나거나 새끼와 그 위험 사이로 들어가서 싸운다. 그런 다음 그 위험이 사라지거나 그것이 단지 떨어진 나뭇가지로 밝혀지고 나면, 어미는 새끼에게 신호를 보낸다.

"내가 널 지켰어. 넌 괜찮을 거야. 넌 안전해."

그래서 안전은 위협의 반대다. 그것은 또한 안정 애착을 향한 첫 단계다. 즉 양육자가 아이를 안전하게 보호하고 안전하다고 느끼도록 돕는 것이다.

이러한 안전감은 안전에 대한 신경계의 생리적 경험으로부터 나타나고 깊은 신뢰 상태를 만들며 이때 최적의 발달, 그리고 어려움에 직면했을 때 필요한 회복탄력성을 형성한다.

그리고 이 모든 것은 양육자의 다음과 같은 일관된 메시지로부터 시작된다.

즉 *"너를 위해 내가 여기 있어. 내가 지켜줄게. 나는 보금자리이고 네가 의지할 수 있는 안전한 집이야. 네가 두려워하거나 위험에 처할 때 난 항상 여기 있을 거야. 나를 믿으렴. 내가 너를 보호하고 안전하게 지켜줄게."*

위험이나 위험의 가능성이 있을 때 부모는 보호한다. 아이가 안전하게 더 기댈수록, 아이-부모의 애착은 더 안정될 수 있다. 안전은 애착 경험에서 핵심 측면이다. 안전은 아이가 연결되어 있고 보호받고 있다고 느끼도록 해준다.

불행히도 모든 부모들이 이런 종류의 안전을 제공하는 것은 아니다. 아이가 세상을 안전하다고 느끼면서 바라보는 시각과 그렇지 않다고 느끼면서 바라보는 시각의 차이를 생각해 보라.

안전은 아주 어릴 때부터 주변과 상호작용하는 방식에 의미심장한 영향을 미친다. 뇌의 조절 회로는 대부분 생후 3년 동안 형성된다. 그 후 유년기와 청소년기를 거쳐 성장하고 전전두피질이 자라면서 일반적인 안전감을 경험했느냐에 따라 많은 것이 달라진다.

아이의 연료 탱크를 가득 채우는 법

만약 안전하지 않으면 위험을 감시하고 스스로 안전을 유지하기 위해 경계와 불안이 고조된 상태를 유지해야 한다. 다가오는 위협에 대해 과잉 각성하고 환경이나 심지어 보호자의 얼굴을 살피는 데에도 많은 자원을 써야 한다. 반면 만약 양육자가 아이를 적절히 보호하고 세상에서 안전하게 지켜준다면, 아이는 자신이 곤경에 처했을 때 보호받고 도움을 받을 것임을 안다.

안전에 대한 이러한 일반적인 감각의 영향은 삶에서 중요하다. 아이가 혼자서 위협을 직면하고 두려울 거라고 걱정할 때와는 달리, 안전이 보장된다고 느낄 때는 뇌의 연결을 형성하는 더 생산적인 활동에 주의를 집중할 수 있다.

사회적 기술과 네트워크를 배우고, 키우며, 이어지는 열정과 재능, 문제를 해결하고 감정을 조절하는 법을 배울 수 있다. 호기롭게 세상을 탐험하는 데 더 많은 시간과 자원을 쓸 수 있다. 위협이 뇌를 반사적이고 생존 모드의 상태로 만드는 반면 안전은 뇌를 최적으로 발달시킬 뿐만 아니라 수용적이고 학습에 몰입할 수 있는 상태로 만든다.

따라서 저 밖에 실제 위험이 존재하지만 아이가 신체적, 정서적으로 모두 안전하며 어려움을 극복하고 심지어는 더 강해질 수 있다는 것을 알면서 성장하도록 도와주는 방식으로 아이의 '연료 탱크'를 채우길 바란다.

이것이 이 책에서 계속 논의하는 회복탄력성이다. 이것이 카이틀린의 삶에서 어머니의 긍정적인 존재가 아버지의 잦은 분노와 모욕적인 말로 인해 입은 피해의 일부를 완화하는 이유다.

아이와 '함께 있어 주기'를 얼마나 잘하느냐 혹은 못하느냐에 따라 여러 가지 결과들이 나타난다. 자기를 위해 우리가 거기에 있다는 것을 아이가 알 때 아이는 안전감, 그리고 스트레스를 줄이고 내면의 안정감을 위한 조건을 만들어 주는 신뢰를 즐길 수 있다.

바로 이것이 안전을 제공할 때 '내면의 안녕감(Sense of well-being)'을 향해 곧바로 가게 하는 방법이다.

학대나 방치로부터 보호하려면

 정말 간단하다. 부모가 아이를 안전하게 지키고 아이가 안전하다고 느끼게 할 때, 부모는 두 가지 중요한 일을 하는 것이다.
 첫째는 아이를 해로부터 보호하는 것이고, 두 번째는 두려움과 위협의 근원이 되지 않는 것이다.
 아이가 안전하다고 느낄 수 있게 돕는 많은 방법들이 있지만, 우리는 그 반대로 할 수도 있다. 아이가 불확실하고 불안정한 상황에서 행동하게 내버려 두는 것이다. 아이를 보호하는 데 실패함으로써 아이를 실망시킬 수도 있는 몇 가지 행태들을 살펴 보자.

가장 극단적인 경우는 트라우마가 될 수 있는 경험으로부터 아이를 보호하는 데 실패하는 것이다. 트라우마는 신체적 생존을 위협하는 어떤 경험, 또는 삶을 이해하는 방식인 '의미에 대한 감각'을 방해하는 경험으로 정의될 수 있다.

예를 들어 어떤 부모가 술에 취해 집에 돌아와서 아이를 공격하지는 않더라도 자신의 몸을 제대로 가누지도 못하는 행동을 하면 아이는 혼란스럽고 심지어 어쩌면 부모의 처음 보는 무서운 행동을 이해할 수 없다는 점에서 충격적인 사건으로 경험할지도 모른다.

학대와 방치는, 특히 그것이 진행 중일 때 아이의 신체적 온전함에 대한 가장 명백한 위협이 된다. 개입하지 않으면 평생의 문제로 이어질 수 있고 아이의 생리, 발달, 그리고 애착과 관계의 측면에 중대한 영향을 미칠 수 있다.

요컨대 아이가 직면한 중대한 위험은 위협 대응과 공격-도망-경직-기절의 반사적 반응을 활성화한다. 그리고 애착의 핵심 문제는 부모가 그 공포의 근원이 될 때다.

이러한 위험이 반복될 때 아이가 다른 양육자의 보호를 받지 못한다면, 되풀이되는 그 경험은 앞 장에서 논의된 혼란 애착을 초래할 수 있다. 실제로 연구가 설명하는 것처럼 혼란 애착은 여러 가지 곤란한 결과로 이어진다.

즉 분열된 자아 감각, 감정 조절의 어려움, 친밀한 관계에서의 불화, 도전과 스트레스 요인에 직면했을 때 의식의 분리나 불연속성, 그리고 스트레스 상황에서 혼란스러움 등으로 이어진다.

극도의 발달 트라우마에서 비롯되는 이러한 혼란 애착은 다른 형태의 안정이 존재하더라도 무력화될 수 있다.

트라우마 사건은 심지어 부모가 적절하게 감독하고 아이를 확실하게 보호하고 있을 때에도 발생할 수 있다. 우리 아이보다 나이 많은 다른 아이, 청소년들 또는 어른들과 마주칠 수 있기 때문이다. 누군가 우리 아이를 학대할 수도 있다.

이러한 가능성을 염두에 둔다는 것은 아이가 직면할 수도 있는 상황에 대해 선제적이고 사려 깊게 생각한다는 것이다. 또 아이의 작은 행동 변화 하나라도 눈여겨보면서 밖에서 어떤 속상한 일을 겪었는지 살핀다는 의미다.

연구에 의하면 애착 인물과 관계없이 일어나는 트라우마 사건에서 신뢰할 수 있는 애착 인물인 당신이 가장 중요한 안정 기지 역할을 할 수 있음을 보여 준다. 아이에게 어떤 충격적인 일이 일어나면 아이가 그 트라우마를 처리하도록 도와주고 개입해서 지원할 수 있는 전문가가 있다는 것을 아는 것이 중요하다.

'유아기 유해 경험(ACE)' 연구

초기 트라우마가 얼마나 큰 영향을 미칠 수 있는지 알아보기 위해, 미국질병관리본부와 카이저 퍼머넌트(미국의 의료 기관)의 지속적인 공동 작업물인 '유아기 유해 경험(ACE)' 연구를 소개하고자 한다.

1994년 이래로 1만 5천 명 이상의 성인들이 유아기의 다양한 유해 경험(ACE)에 대해 인터뷰했다. 그 결과는 연구자들에게 대단히 흥미로우면서도 실망스러운 것이었다. 연구자들은 어린 시절의 중대한 스트레스 요인이 널리 만연된 것뿐 아니라 초기 트라우마와 다른 부정적인 경험들이 흡연, 알코올 남용, 비만, 그리고 사망의 주요 원인이 되는 질병과 같은 잘 알려진 위험 요소들과 연관되었음을 보았기 때문이다.

여기서 우리가 ACE 연구에 대한 간략한 개요만 제공할 수 있지만, 관심이 있거나 당신의 삶과 관련된 정보를 찾는다면 더 읽어 보기를 권장한다.

연구자들은 참가자들에게 아이가 자랄 때 아주 일반적인 열 가지 ACE에 대해 질문했다.

- 학대: 정서적
- 학대: 신체적

- 학대: 성적
- 방치: 정서적
- 방치: 신체적
- 역기능가정: 가정 폭력
- 역기능가정: 약물 남용
- 역기능가정: 정신 질환
- 역기능가정: 부모의 별거/이혼
- 역기능 가정: 수감된 친척 유무

이 10가지 항목들은 확실히 아이가 직면하는 바람직하지 않은 경험을 모두 포함하는 것은 아니다.

몇 가지만 예를 들면 만성 질환이 있는 부모가 있는 경우, 폭력적인 동네에서 성장하는 경우, 폭력을 목격하는 경우, 건강에 해로운 위탁 가정에서 시간을 보내는 경우, 부모 또는 형제자매의 죽음을 경험한 경우 등은 목록에 포함되지 않았다.

그럼에도 불구하고, 그 열 가지 항목에 대한 연구 결과는 주목할 만했다. 연구자들은 이러한 요인들을 조사하면서, 열 개의 ACE가 공통적일 뿐만 아니라 상호 연관성이 높다는 것을 발견했다. 만약 당신에게 ACE 중 하나가 있다면 다른 ACE가 있을 가능성이 높다. 더군다나 그것에 개입하지 않고 놔둔다면 ACE 점수가 누적되어 평생 동안 지속되는 부정적 효과로 이어질 수 있다는 것을 연구는 보여 준다. 이는 주목할 만한 중요한 점이다.

한 사람의 ACE 점수는 그 사람이 경험한 ACE 항목의 개수로 매겨진다. 0점은 그 사람이 어떤 항목에도 해당하지 않은 것을 의미한다. 만약 신체적 학대, 정서적 무시, 가정 폭력에 노출되었다고 응답했다면, 그 사람은 세 가지 경험에 응답했기 때문에 ACE 점수는 3점이 된다.

이 점수와 관련해서 주목할 점은 '유년기 스트레스 요인의 생물학적 누적 효과'라고 부른 것에 대해 연구자들이 밝혀낸 것이다. 쉽게 말하자면 점수는 그 사람의 뇌와 신체가 기능하는 방식과 어떤 관계에 있는지를 가리킨다.

사회적, 정서적, 인지적 발달에 부정적인 영향은 건강 위험, 장애, 질병, 심지어 조기 사망률과 마찬가지로 높은 ACE 점수에서 기원을 찾을 수 있다. 이것이 의미하는 바는 아이가 여러 가지 해로운 경험을 할 때, 삶에서 단지 그 각각의 순간만 고통스러운 것이 아니라는 것이다.

오히려 ACE는 신경 발달을 붕괴하고 아이의 전반적인 건강, 타인과 관계를 맺는 능력, 역경 대처 능력, 전반적인 삶의 질, 심지어 기대 수명 등에까지 평생에 걸쳐 영향을 미칠 수 있다. ACE 점수가 높을수록 전반적으로 더 큰 난관들이 있고 발달에 미치는 영향도 크다.

이 연구는 전반적인 영향을 조사한 것이다. 전문적인 돌봄과 부모의 지원을 받은 아이가 해로운 경험을 극복하는 법을 배웠는지 그리고 어떻게 배웠는지는 고려하지 않았다는 점을 다시 한번 강조한다.

엄청난 불행을 겪은 개인들을 어떻게 도울 수 있는지에 대해 알고 싶다면 나딘 버크 해리스(Nadine Burke Harris)의 책 『불행은 어떻게 질병으로 이어지는가』를 추천한다. 이 책은 중대한 트라우마도 실제로 극복 가능하다는 것을 보여 준다.

따라서 우리는 트라우마 예방을 위해서도 노력해야 하는 것이 분명하지만, 개입을 통해 이러한 부정적인 영향이 개선될 수 있다고 생각할 충분한 근거가 있다.

이 연구에서 좀 더 중요한 한 가지 결론은 ACE에 대해 더 많이 이해하는 것이 정말 중요하다는 것이다. 왜냐하면 그것이 사회가 직면하고 있는 최악의 건강 및 사회 문제들을 다루고 예방하는 데 도움이 될 수 있기 때문이다.

더 나아가 교육자, 보육 종사자, 의료인 및 기타 전문직 종사자들은 트라우마가 행동, 조절, 학습 등에 미치는 영향을 이해하기 위해 트라우마에 대해 충분히 숙지할 필요가 있다. 그럼으로써 문제 행동을 더 잘 이해하여 그에 대해 적절하고 도움 되는 개입을 할 수 있다.

불행히도 트라우마에 대한 지식이 없는 부모, 학교, 기관, 그리고 전문가들은 종종 트라우마의 결과로 나타나는 그런 반사적인 행동들에 대해, 두려움을 더 크게 불러일으킴으로써 결국 더 해롭게 만드는 응답을 할 수도 있다.

여기서 더 중요한 것은 ACE를 최대한 예방하는 것이 모든 부모가 해야 할 일이라는 점이다. 이것이 여러 가지 면에서 안전의 의미이다.

다시 말하지만 ACE 연구는 강력한 발견을 제공하지만 치료적 개입을 경험한 사람과 어린 시절의 긍정적인 경험은 조사하지 않았다. 그래서 우리는 절망을 느끼기보다는 발달상의 역경을 최소화할 수 있다는 발견에 희망을 가져야 한다.

그럼에도 불구하고 ACE가 발생했을 때, 우리는 긍정적인 지지 관계를 강화하고 스트레스 반응을 줄이고 아이의 조절 능력을 향상함으로써 그것들의 영향을 줄일 수 있도록 개입해야 한다.

어떻게 하면 가장 좋을까?

안정 애착을 제공함으로써 가능하다. 부모가 섬세하고 예측 가능한 돌봄으로 함께 있어 주지 않을 때, 혹은 더 나쁘게는 그들 자신이 실제로 아이에게 위험과 심지어 공포의 근원이 될 때, 그것이 얼마나 해로울 수 있는지 알 수 있다.

부모가 위험이 되는 공포

ACE는 학대 범주 중 일부에 속한다는 것을 기억하라. 아이는 ACE 목록 외에도 많은 면에서 부정적인 영향을 받을 수 있다.

예를 들어 몇 년 전에 공동 저자인 티나는 흔히 예상할 수 있는 것보다 더 일반적인 상황에 있는 한 가족을 상담했다.

그 가족은 부부가 최근에 이혼했고, 엄마는 술을 남용하고 있었다. 집에 아들이 있을 때, 엄마가 술을 마시는 경우 종종 자제력을 잃었고, 아들에게 격노하여 소리를 지르면서 온갖 공포를 불러일으켰다. 게다가 아이가 두려움에 아버지와의 전화 통화를 원하면 더욱 무섭게 대했다.

이런 종류의 공포는 앞에서 논의한 생물학적 역설을 만들어

내는데, 위험으로부터 보호해야 할 부모가 오히려 위험의 근원이 되는 것이다.

'해결책 없는 공포'라고 불리는 이 역설은 중대한 정서적 손상을 일으킬 수 있고 혼란 애착 패턴을 만들 수 있다. 다시 살펴보면 문제는 파충류 시스템과 서로 연결된 회로인 포유류의 애착 시스템이 아이에게 애착 인물을 향해 가라고 요구하는 반면, 오래된 파충류 시스템, 즉 위협-생존 반사반응 시스템은 '위협으로부터 떨어져!'라고 하는 것이다.

하나의 몸에 두 개의 상충하는 명령

하나의 몸에 두 개의 상충하는 명령, 즉 접근과 회피가 함께 있는 것이다. 그리고 아이의 마음은 체계적으로 접근할 방법이 없어서 산산조각이 난다. 뇌는 혼란스러워지고, 해결책이 없고, 신경학적으로도 모순된 이러한 상태의 공포를 어떻게 다뤄야 할지 모른다.

부모는 약물을 사용할 때마다, 아이를 보호하지 못하거나 적극적으로 해를 입힘으로써 아이를 위험에 빠뜨릴 수 있다. 실제로 어떤 부모는 분명히 여러 가지 중독물질의 영향 하에 있는 상태에서 아이를 데리러 픽업 장소로 차를 몰고 오기 때문에 많은 학교가 이에 개입해야 한다.

만약 당신에게 어떤 중독이 의심되지만 혼자 힘으로 해결할 수 없다면, 아이를 위해서라도 전문가와 대화하여 즉시 그 문제를 다루기를 촉구한다. 약물 사용은 양육자의 두 가지 일, 즉 아이를 보호하는 것과 두려움의 근원이 되지 않는 것을 동시에 훼손하는 길이다.

학대나 방치도 분명히 마찬가지다. (사실 방치는 아동 트라우마의 가장 흔한 패턴이다.) 이 중 하나라도 무심코 자주하고 있거나 당신(또는 다른 사람)이 아이에게 해를 끼치고 아이의 ACE 점수를 높이고 있는 것을 알아차린다면 도움을 요청하라.

당신은 신뢰할 수 있는 친구에게, 또는 필요하다면 상담사, 치료사, 의사 등에게 도움을 받을 수도 있다.

당신은 아이를 사랑하고 그의 발달에 부정적인 영향을 결코 끼치고 싶지 않을 것이다. 하지만 그를 보호하기 위해 다른 사람으로부터든 당신 자신으로부터든 도움을 받아야 할 것이다.

부모가 아이를 학대하거나 방치할 때는 그들 자신이 트라우마와 학대의 이력이 있는 경우가 흔히 있다. 부모가 공포 대신 안전의 근원이 될 수 있기 위해서는 스스로 치유할 용기를 가지는 것이 중요하다.

댄이 메리 하트젤(Mary Hartzell)과 함께 쓴 책『내면으로부터의 양육』은 자신의 삶을 이해하고 마음속 깊은 곳에서 자신이 진정으로 되길 원하는 부모가 되기 위해 스스로를 자유롭게 하는 데 필요한 단계에 대한 좋은 지침을 제공할 수 있을 것이다. 완전히 발달한 위층 뇌는 다른 개인 안에서 일어나고 있는 일을 감지하고 존중할 수 있는 공감 능력뿐만 아니라 자기 마음의 활동에 대해서도 통찰을 가지고 성찰할 수 있는 능력과 전체에 대한 감각을 가지고 있다는 것을 생각해 볼 수 있을 것이다.

통합된 뇌 상태는 통찰과 공감이라는 두 가지 핵심 기능을 만들어 낸다. 학대나 방치가 있다는 것은 그 부모에게 무언가 매우 잘못된 것이 진행되고 있는데, 그것은 학습된 것이거나 타인과 관계를 맺는 데 있어서 공감과 연민이 심각하게 부족한 방식을 가지게 되었다는 것이다.

통찰도 어려울 수 있다. 우리는 모두 사랑과 돌봄의 능력을 타고났고, 많은 이들이 애착이 부족한 상태에서 삶에 적응하는 법을 배워야 했었다는 것을 생각해 보기 바란다. 우리 자신의 삶에서 어떤 일이 일어났었는지 성찰하고, 그런 다음 자신에 대한 돌봄이 일어나도록 허용하기 위해 자기 이해를 수정하는 것은 결코 늦지 않다.

우리는 여러 해 동안 많은 사람들과 함께 하면서 이전에는 알아차리지 못했다 하더라도 그가 갈망해왔던 관계가 종종 내면의 치유를 통하면 도움을 받을 수 있다는 것을 경험했다. 단절된 관계가 대물림될 수 있는 가족들이 그 분열로부터 회복할 수 있도록 성인 자녀와 부모를 도와 함께 작업하면서 그러한 치유가 일어나는 것을 보았다.

부모의 또 다른 행동들

 학대와 방치 외에도 아이와 그의 발달에 영향을 줄 수 있는 다른 형태의 ACE가 있다. 비록 당신이 아이에게 아주 극단적인 방법으로 해를 끼치지는 않는다고 확신하더라도 아이가 가족 안에 좀 더 일상적인 상호작용에서 위협과 두려움에 노출될 수 있는지 생각해 보라.
 예를 들어 때때로 부모는 아이 앞에서 서로 소리를 지르고 언어적, 감정적, 신체적 공격을 사용하면서 심한 갈등을 표출한다. 아이가 이런 종류의 갈등을 반복적으로 목격하고 부모가 아이에게 공포의 근원이 될 때, 그것은 아이의 안정 애착 발달을 손상할 수 있다.

실제로 최근 연구 결과에 따르면 아기가 잠을 잘 때에도 부모가 매우 화난 목소리로 의사소통을 하면 아기는 감정, 스트레스 반응, 그리고 조절을 다루는 뇌의 일부에서 신경 반응의 증가를 경험한다. 아기는 생리적 차원에서 안전보다는 위협을 경험한다. 그렇다고 해서 당신과 배우자가 결코 다투지 말아야 한다는 뜻은 아니다. 갈등은 피할 수 없지만, 잘만 다루면 오히려 건강하고 필요한 것이다.

아이를 염두에 두어라

하지만 아이를 염두에 두어라. 그리고 가정에서 성인들이 갈등을 어떻게 다룰지, 그럴 때 부모들의 상호작용이 아이에게 어떤 영향을 미칠지 주의를 기울여라. 부모는 무례하고 무서운 갈등으로부터 아이를 보호해야 한다. 당신들이 너무 화가 나서 당면한 문제를 안전하고 예의 바르게 논의할 수 없다면 충분히 침착해지거나 최소한 아이와 떨어져 있을 때까지 기다리는 것이 더 좋다.

많은 경험들은 혼란 애착으로까지 이어지지는 않더라도 아이가 세상에서 안전하다고 느끼는 것을 방해할 수 있다.

예를 들어 아이가 발달상 아직 준비가 되지 않은 현실에 노출되었을 때는 해를 입을 수 있다. 영화, 비디오 게임, 사진, 소셜 미디어 등은 모두 아이의 마음이 아직 건강한 방법으로 처리할 수 없는, 준비되지 않은 내용이나 이미지들을 보여줘서 해를 끼칠 수 있는 잠재력을 가지고 있다.

모든 미디어가 명백하게 해로운 것은 아니지만, 아이의 발달 단계에 적합하지 않은 성적 내용들이 아이를 불안하고 불안정한 느낌에 놓이게 하는 것처럼 무서운 이미지, 아이디어, 주제들이 아이를 압도할 수 있다. 학교에서 아이가 목격하거나 개인적으로 경험하는 괴롭힘뿐만 아니라 다른 아이와 나이 많은 형제자매가 하는 이야기도 마찬가지다.

그리고 비록 부모가 아이에게 신체적 폭력을 가하지 않을 때에도 아이에게 창피를 주어 수치심을 느끼게 하거나 고함을 지르거나 훈육이나 협력을 위해 의도적으로 겁을 주는 '두려움 기반의 전략'을 구사하면, 아이의 안정 애착을 훼손할 수 있다.

또는 이혼한 부모가 만나서 아이를 상대편에게 '떠넘기기'를 하고 불화와 반목으로 가득 찬 상호작용을 일으키는 것과 같이 긴장과 분노로 가득 찬 상황을 만들 때도 마찬가지다.

부모 중 한쪽이 다른 쪽에게 반사적으로 행동하고 화를 내기나 비판하거나 아이에게 선택하라거나 편을 들어달라고 하거나 아이에게 어른들 사이에서 부정적인 정보를 전하게 할 때, 그것은 아이에게 바꾸거나 빠져나갈 수 없다는 강한 스트레스 상태를 만들어 줄 수 있다.

이러한 경우가 아이에게 안정이 가장 필요할 때인데, 부모는 안정이 자리 잡게 하는 대신 아이가 안정과 안전을 느끼게 되는 능력을 의도치 않게 퇴보시킬 수 있다. 카이틀린이 아버지로부터 받은 경험은 부모의 행동이 어떻게 아이의 안전감을 불안정하게 만들 수 있는지를 보여주는 좋은 예다.

이런 종류의 경험은 대개 학대보다는 덜 극단적이지만 사람들이 생각하고 있는 것보다 훨씬 많은 가정에서 흔히 일어난다. 그리고 이러한 스트레스 요인이 혼란 애착으로 이어질 수도 있고 그렇지 않을 수도 있다. 하지만 그것들은 여전히 위협 대응을 활성화하고 안전, 안정과는 정반대로 갈 수도 있다.

그렇게 해서 부모로서의 두 가지 기본적 일을 위배하는 것이다. 만약 당신이 안전의 원천이 되는 대신에 아이가 두려워하는 상태를 내버려 두거나 만들고 있다면, 아이에게 해가 될 뿐만 아니라 당신이 원하는 관계도 무너뜨리는 것이다.

아이는 모두 다르다

　이 모든 것들을 생각하면서 우리는 때때로 부모로서 아이에게 나쁜 일이 일어날까 봐 지나치게 걱정한 나머지 과잉보호로 우리의 두려움을 넘기려고 한다.
　균형을 잃지 않도록 주의하라. 아이는 적절한 자유와 도전을 감당할 수 있다. 좌절을 참아내고 어려운 장애를 극복하면서 무언가를 알아내기 위해 어느 정도 애쓰는 것이 아이가 장애물을 극복할 수 있다는 것을 배우는 방법이다. 아이는 어려움에 직면하고 그것을 극복할 때 자신의 능력과 역량이 무엇인지 배울 것이다. 도전의 또 다른 측면에서 그는 더 강해질 것이고 회복력을 더 갖게 될 것이다.

좋은 의도가 때로는 세상과 상호작용하는 아이의 능력을 실제로 약화시킬 수 있다는 것은 진실이다. 티나는 톰이라는 젊은 아버지를 상담했다. 그는 세 살배기 딸 에밀리를 양육하는 일에 있어서는 극히 양심적이고 적극적인 부모였다.

그는 에밀리가 불안한 기색을 보이기 시작하자 티나를 찾아왔다. 아이는 음식점에서 식사하는 것을 불편해했다. 영화관도 무서워했다. 체조 수업에서는 트램펄린을 보면 긴장했다. 그러나 에밀리가 가장 무서워한 것은 아빠가 적당한 곳을 찾게 된다면 가게 될 새로운 유치원에 다닌다는 생각이었다.

톰은 딸을 위한 가장 좋은 유치원을 아주 꼼꼼하게 찾았지만 못 찾았다고 했다. 그는 매주 티나의 사무실에서, 딸의 불안을 이해하고 에밀리를 잘 돌보는 데 도움이 되는 더 나은 방법을 찾고 기술을 익히는 작업에 집중해야 했다. 그러나 자신이 특정 유치원을 둘러보고 찾기 위해 노력한 고생담을 말하는 데에 더 열심이었다.

유치원마다 그가 도저히 용납할 수 없는 두드러진 문제들을 가지고 있었기 때문에 그의 마음에 드는 곳을 찾을 수 없었다.

어떤 유치원에서는 '화학 냄새가 너무 났고' 또 다른 유치원에서는 과자와 다른 정크 푸드를 간식의 일부로 먹는 것을 허용했다. 특히 한 곳은 에밀리가 심한 알레르기를 일으키는데

도 너무 많은 야외 시간을 제공했다. (에밀리는 풀밭에서 구르면 하루 종일 가려워했다.) 다른 유치원은 여전히 놀이 시설이 충분하지 않았다.

안전과 구출을 구별하라

딸이 다닐 유치원과 양육에 관한 또 다른 결정들에 대한 톰의 이야기를 들을수록 티나는 에밀리의 두려움과 초조함이 해결되어야 할 주요 문제가 아니라는 것을 더욱 깨닫게 되었다.

문제의 핵심은 톰의 불안이라는 것이 명백했다. 그것은 분명히 좋은 의도에서 나온 것이다. 그는 딸에게 최상의 것, 즉 가장 건강하고 깨끗하고 안전하며 다양하고 음악적으로 가장 풍부한 환경을 원했다. 자신의 아이에게 맞는 유치원을 선택할 때, 자신의 가치와 우선순위를 존중하는 것은 분명히 잘못된 것이 아니다.

그러나 톰은 딸이 겪게 될 모든 경험이 최상이 아닐 수 있다고 염려하면서 자신의 불안과 우려를 아이에게 전하고 있었다.

그래서 에밀리에게 어떤 영향을 미쳤을까? 유치원은 많은 위험 때문에 무섭다는 믿음, 나쁜 일이 일어날 수 있다는 우려다. 아이도 지나치게 불안해졌다. 아이는 자신을 둘러싼 세상을 탐험할 수 있다는 자신감을 갖기보다는 아버지 가까이에 있어야 한다고 느꼈다.

톰은 딸에게 회복탄력성과 강인함으로 이어질 수 있는 안전을 제공하는 대신 불안정한 상태로 두었다. 즉 아이에게 위협이 될 것 같이 보이는 새로운 상황을 경험할 의지와 능력을 키우지 못했다.

아이를 과도하게 보호하는 또 다른 방식은 어려운 순간에서 아이를 구해 줘야 한다고 느끼는 것이다. 그것은 우리가 말하는 아이를 안전하게 지키는 것이 아니다.

사실 세상을 탐험하고 상호작용하는 것에 대해 아이가 좋다고 느끼도록 돕기 위해 아이가 때때로 어려움을 겪게 내버려 두어야 하고, 심지어 실패도 맛보게 해야 한다. 이것은 아이가 어릴 때 신발을 신거나 요구르트 뚜껑을 여는 것을 보는 동안 우리 자신을 자제하는 것을 의미할 수 있다.

아이를 구해 주고 싶거나 어려운 일을 대신해 주고 싶은 충동을 참을 때, 그가 할 수 있다고 우리가 믿고 있다는 것을 보게 되고 이러한 일을 스스로 해낼 수 있다는 것을 배우게 된다. 그러면 그는 그렇게 하는 것이 안전하다고 느낀다. 하지만 항상 우리가 개입해서 그를 대신해서 행동한다면, 우리는 아이가 이런 중요한 능력을 발달시킬 기회를 박탈하는 것이다.

나이 많은 아이도 마찬가지다. 학교에서 또래들이 소외감을 느끼는 일반적인 경험을 생각해 보자. 만약 초등학교 3학년인 당신의 아이가 같이 놀고 싶은 여자아이에게 따돌림당했기 때문에 화가 나서 집으로 돌아왔다고 생각해 보자.

당신은 그 여자아이의 부모에게 전화를 걸어 당신 딸이 우리 아이에게 좀 더 포용적이길 바란다고 부탁하고 싶은 유혹을 느낄지도 모른다. 또는 6학년 아이가 농구팀에 들어가지 못한다면, 코치에게 전화해서 아들이 입단 테스트하는 날 일진이 안 좋았다고 설명하고 싶을 수도 있다.

그러나 그것은 아이를 안전하게 지킨다는 의미와는 다르다. 이것은 당신의 딸에게 사회적 관계가 힘들 수 있다는 것을 깨닫게 두어야 할 때라는 의미이다. 아들에게는 우리가 열심히 노력해도 종종 여전히 성공하지 못할 수 있다는 것을 이해하도록 두어야 할 때라는 것이다.

당신은 확실히 아이를 위해 정서적으로 함께 있어 주려고 할 것이다. 심지어 문제를 해결하도록 도와줌으로써 지원할 수도 있다. 이것은 안정을 구축하는 중요한 단계다. 왜냐하면 아이들은 당신이 자신들을 위해 거기에 있다는 것을 알기 때문이다.

하지만 그렇다고 해서 그의 모든 문제를 당신이 사전에 방지하거나 고쳐줘야 한다는 의미는 아니다. 그보다는 아이가 고통을 느낄 때 옆에 함께 있어 주면서 그가 어려운 상황을 처리할 만큼 충분히 강하다는 것을 알도록 도와줘야 한다. 그래야 그가 위험을 감수하면서도 안전하다고 느끼는 법을 배울 것이다.

당연히 이것은 아이에게 능력 이상을 요구하라는 말은 아니다. 모든 것은 아이의 기질과 발달 단계, 그리고 그 시점에서 이미 스트레스나 변화를 얼마나 겪고 있느냐에 달려 있다.

첫 밤샘 놀이를 무서워하는 여덟 살짜리 아이를 한밤중에 집으로 데려와야 할 수도 있다. 다시 말해, 그럴 때는 아이가 힘들어하는 걸 내 버려둘 때가 아닐 수도 있다. 마찬가지로 아이가 선생님과의 관계에 힘들어한다면 당신이 개입해서 아이를 옹호해야 할 때도 있을 수 있다.

때로는 그를 밀어붙이는 것(아이가 할 수 있는 것보다 더 많은 것을 하도록 하는 것)이 필요한 반면, 다른 때에는 그들에게 어떤 쿠션(그가 스스로 상황을 처리할 수 없기 때문에 우리가 개입하는 것)이 필요하다.

아이는 어떤 때는 다른 때보다 더 많은 것을 해낼 수 있다. 상황을 잘 처리할 수 있는 능력이 항상 정해져 있는 것은 아니다. 인내할 수 있는 당신의 능력을 생각해 보라. 어떤 때는 뛰어나고 다른 때는 형편없다.

아이도 마찬가지다. 어떤 상황에서는 중대한 도전을 이겨 낼 수 있지만 어떤 경우에는 작은 장애물도 간신히 다룰 수 있다. 상황이 아이의 능력 이상을 요구할 때 아이는 떨어져 나가거나, 적응하지 못하고, 잘못된 방식으로 할 수 있다. 그리고 상황이 요구하는 것보다 아이의 역량이 클 때, 아이는 더 멋지게 해낼 것이다.

따라서 안전과 구출을 구별하라. 아이가 도전과 씨름하고 심지어 실패를 경험할 수 있게 하는 안전한 방법을 찾아라.

이 주제에 대해 한마디를 더 하겠다. 항상 그렇듯이 아이는 위험에 대한 용인과 그가 얼마나 분투할 수 있는지 또는 얼마나 기꺼이 분투할지는 다르다는 점을 명심하라. 어떤 아이는 즐겁게 머리부터 들이밀고, 심지어 어렵고 새로운 일을 하는 것을 즐긴다. 다른 아이는 위험을 싫어하고 모험을 하거나 알려지지 않은 것과 마주치는 것을 정말로 불편하게 느낀다.

아이는 모두 다르다는 것을 기억하라. 각각의 상황에서 당신의 독특한 아이가 그 상황에서 계속 안전하게 느끼기 위해 무엇이 최선인지 결정하고, 또한 그가 성장하고 자신들이 상상했던 것 이상으로 할 수 있고 될 수 있다는 것을 배워야 한다.

안전 전략 1.
해를 끼치지 마라

아이의 안전감을 높이는 첫 번째 전략은 간단하다. 그러나 항상 실천하기 쉬운 것은 아니다.

그것은 당신이 가정에서 두려움의 근원이 되지 않겠다고 다짐하는 것이다. 부모는 무수히 많은 방법으로 위협할 수 있고, 그 대부분은 학대로 여겨지지 않을 것이다. 소리 지르고, 위협하고, 굴욕감을 주고, 때리고, 과민 반응하고, 심지어 특정한 표정을 짓는 것은 아이에게 공포를 줄 수 있다.

당신은 화가 났을 때 이런 다양한 형태의 표현을 써도 괜찮은지 생각해 본 적도 없을 것이다. 하지만 당신은 이 장을 읽은 후에 화가 나거나 좌절할 때 당신의 아이가 어떤 경험을 하고 있는지 궁금해질 수도 있다.

예를 들어 걸핏하면 부모를 때리는 세 살짜리 아이가 당신의 아이라고 상상해 보자. 그 아이는 어린이집에서는 대체로 차분하지만 가끔 당신이 안 된다고 말할 때, 그리고 겉보기에 아무런 이유가 없어 보일 때도 당신에게 점점 더 공격적인 반응을 보인다. 그 통증에 대해 즉각적으로 화를 내는 것은 당신의 자동적인 생리적, 감정적 반응이며 이해될 수 있는 것이다. 당신은 침착하게 타이르고 싶겠지만, 때리면 안 된다는 말을 아이가 무시하는 것이 좌절스러운 것은 말할 것도 없고, 때로 아이에게 맞는다는 것에 감정이 상한다.

분노와 좌절의 순간은 부모가 되는 것과 함께 따라온다. 달리 피할 방법이 없고, 그럴 수밖에 없다. 감정 자체는 좋은 것이다. 심지어는 건강하기도 하다.

하지만 그런 감정으로 하는 행동은 주의하지 않으면 위협적일 수 있다. 중요한 것은 신경계가 과다 각성 상태에 들어갈 때 발생하는 그러한 감정들에 우리가 어떤 행동으로 반응하는지에 주의를 기울이는 것이다.

우리 자신이 감정적으로 통제할 수 없다고 느낄 때 네 가지 S를 제공하는 것은 쉽지 않다. 그 이유는 그 순간 신경계가 우리를 보호하기 위해 보통 싸울 준비를 하거나 도망치거나, 정지하기 때문이다.

우리 몸은 네 가지 S보다는, 싸움(Fight), 도망(Flee), 정지(Freeze), 기절(Faint) 등과 같은 네 가지 F를 우선해서 준비한다. 이것들은 아이가 안전하다고 느끼는 데 도움이 되는 반응이 아니다.

그래서 대신 신경계가 과다 각성 상태로 들어가는 것을 느낄 때, 부모로서 세심한 주의를 기울이는 것이 중요하다.

나 스스로가 아이에게
고통의 원천이 되지 않도록

세 살 난 아이가 오늘 아침 당신을 연달아 세 번 때릴 때 몸은 당신에게 뚜껑이 열릴 위험이 있다는 온갖 신호를 보낸다.

이처럼 격한 감정 상황에서 단순히 진정하라고 말하는 것만으로는 효과가 없을지도 모른다. 열까지 세는 것은 당신이 들어본 또 다른 전략이다. 도움이 될 수도 있지만 아닐 수도 있다.

이때 필요한 것은 위층 뇌에서 시작되는 기술이며 확실한 효과를 경험한 특정한 사람들에게 해당하는 것이다. 그러나 대부분 사람에게는 감정이 신체와 아래층 뇌에서부터 올라오기 때문에 이런 '하향식' 접근 방식은 그다지 효과가 없다.

그래서 많은 사람들은 감정을 자제하지 못할 위험에 처했을 때 감정을 전환하기 위해 '상향식' 접근법이 더 도움이 된다는 것을 발견한다.

예를 들어 들이쉬는 숨보다 내쉬는 숨을 더 길게 하면서 깊은 호흡을 할 수 있다. 또는 극심한 감정 상태가 팔다리에 만들어 놓은 경직 상태를 알아차리면서 자세를 살펴볼 수 있다.

어떤 사람들은 한 손은 가슴에, 다른 한 손은 배에 얹고 잠시 가만히 있으면 진정되는 것을 발견한다. 이러한 상향식 기술에 대해서는 많은 책들이 나와 있으며, 다른 방법들도 무수히 많다.

요점은 아래층 뇌와 신경계가 흥분하는 것을 알아차릴 때, 자신의 감정에 주의를 기울이고 위층 뇌를 다시 균형 상태로 돌려서 아이에게 위협으로 인식되지 않게 하는 방법을 찾는 것이다.

위험의 모든 가능성으로부터 아이를 보호할 수는 없다. 당신은 아이를 안전하게 보호하기 위해 최선을 다할 수 있지만, 그들은 두려움과 고통을 경험할 것이다. 당신이 피해야 할 것은 당신 스스로가 아이에게 두려움과 고통의 원천이 되는 것이다.

안전 전략 2.
필요하다면 사과하라, 함께 웃어라!

  당신은 해를 끼치지 않으려고 노력하지만 가끔은 당신이 원하지 않는 방식으로 행동할 것이다. 완벽한 부모란 없다. 모두가 그런 것처럼 아이와 함께 시간을 보내고 훈육하면서 많은 실수를 하게 될 것이다.

  이 장에서 특정 경험이 아이에게 얼마나 해로울 수 있는지에 대해 많은 이야기를 했다. 이제 아이의 세계와 마음에 더 큰 안전감을 만들어 낼 수 있는 방법에 대해 신중히 생각해 보길 바란다.

  또한 당신의 목소리 크기, 어조, 사용하는 단어들, 무섭게 보이는 얼굴 또는 너무 거칠게 대함으로써 아이를 두렵게 했던 때를 생각해 보길 바란다. 만약 우리가 반사적 행동 상태로 갈 때마다 특히 그것이 아이에게 두려움을 불러일으킨다면, 가능한 한 빨리 그 관계를 고쳐야 한다.

그것이 아이가 안전을 확보하고 소속감을 갖도록 돕는 우리의 두 번째 제안이다. 즉 뇌가 위협받는 상태에서 당신이 아이에게 반사적인 행동을 할 때에도 말이다. 그때도 여전히 파괴된 관계를 고칠 수 있다는 것을 알라.

그럼으로써 당신은 아이들에게 많은 귀중한 경험을 제공할 수 있다. 설령 아이가 당신이 원하는 대로 행동하지 않더라도 말이다.

이것은 학대나 방치에 관한 말이 아니다. 단지 우리 모두가 그렇듯이 실수를 했을 때를 말한다.

어쩌면 그 순간 당신은 심지어 '뚜껑이 열린' 상태에서 포용적이고 통합적인 '위층 뇌'와의 연결을 놓치는 반사 행동에 의해 완전히 밀어붙이게 될 수도 있다. 당신은 필요 이상 큰 소리로 말도 안 되게 "됐어. 그만해! 차 안에서 한 번만 더 앉을 자리를 가지고 불평하면, 다음 한 주 동안은 차 뒷좌석에서 자게 할 거야!" 같은 말을 선언하듯이 말할 수도 있다.

혹은 당신이 아침에 피아노 연습을 하라고 했다는 것 때문에 아홉 살짜리 아이가 학교 가는 내내 토라져 있을 때 당신은 헤어지면서 "오늘 아침 내 기분을 다 망쳐놓고도 어디 오늘 하루 잘 지내나 보자!"라고 비꼴 수도 있다.

이런 양육 방식들이 분명 유별난 것은 아니다. 하지만 흔히 공공연하게 드러나는 일이다.

뚜껑이 열리는 그 순간

화가 났을 때는 물론이고 심지어 무슨 일이 일어나고 있는지 모를 때도 '뚜껑이 열린다.' 공격-도망-정지-기절의 반응은 위협을 느낄 때 빠르게 발생할 수 있다. 이 '무뇌(No-brain)' 상태는 자신과 아이에게 일어나고 있는 일에 개방적이고 수용적으로 대처하는 우리의 능력을 차단한다.

그리고 아이러니하게도 우리가 냉정을 잃으면 우리에게 반사적 행동을 불러일으켰던 아이의 그 고통을 우리가 더 고통스럽게 만들 수 있다.

숙고하는 위층 뇌의 이점을 활용하지 못하면 당신의 양육 방식은 반사적 행동을 계속할 수 있다. 이것이 '무뇌' 상태, 즉 먼저 당신을 고치고 그 다음에 아이와 함께 고칠 필요가 있다는 것을 알아차리지 못하는 상태이다. 그리고 만약 당신이 자상한 부모로서 해야 한다고 생각한 대로 하지 못하면 자신을 자책할 수도 있다.

그래서 더욱 희망이 되는 소식이 있다. 고치기만 한다면 뚜껑이 열리는 양육의 순간들이 아이가 겪어야 할 꼭 그렇게 나쁜 일만은 아니라는 것이다. 빈도와 강도를 줄이는 것은 물론이고, 고침에 대해 신뢰하는 것은 매우 중요하다.

진실은 당신의 실수조차도 아이가 안전하다고 느끼게 하고 부모-자녀 간의 유대감을 강화하는 데 사용될 수 있다는 것이다.

그게 어떻게 가능한가? 그것은 부모의 이러한 미숙한 행동 반응이 아이에게 어려운 상황에 대처할 수 있는 기회를 제공하며, 심지어 그때 부모가 자신을 잘 통제하지 못하고 있더라도 아이는 자신을 통제하는 것과 같은 새로운 기술을 배우고 발달시키기 때문이다.

그리고 아이는 당신이 나중에 다시 와서 사과하고 자신과 함께 고치는 걸 보게 된다. 그래서 관계에서 불화가 일어나고 나면 고침이 따라온다는 것을 알고, 참고 기다리는 법을 배운다. 당신이 관계를 회복하기 위해 나중에 다가가서 효과적으로 응답하기만 하면, 당신은 여유를 가질 수 있다. 비록 당신이 바라는 대로 다르게 행동하지 못했을지라도, 그 경험은 아이에게 여전히 가치 있다는 것을 알 수 있다.

당신이 잘못한 후에 가장 중요한 것이 무엇인지(아이와의 관계) 자신에게 상기시키고 함께 바로 잡아라.

필요하다면 사과하라. 함께 웃어라. 당신들 두 사람 사이의 모든 것이 정상으로 돌아온다는 것을 아이가 더 빨리 알수록 관계도 더 빨리 가까워지고 다시 깊어질 수 있다. 그리고 강한 감정이 장기적으로 관계를 파열시키지 않을 것이라는 것을 알게 되면서 아이는 더 빨리 안전하다고 느낄 것이다.

이러한 고치는 행동은 아이에게 이렇게 말하는 것과 같다.

"우리 사이에 힘든 일이 생길 수도 있지만, 그럼에도 나는 너를 사랑할 거야. 난 무슨 일이 있어도 항상 너와 함께 있을 거야."

안전 전략 3.
당신이 바로 그 안전한 항구다

 안전을 높이기 위한 마지막 전략은 아이가 '안전한 항구에서 아늑함'을 경험하게 하는 것이다. 비록 당신이 때때로 실수하고 과잉 반응할지라도 여전히 가정에서 아이를 위한 전반적인 안전과 안녕의 환경을 만들 수 있다.
 이렇게 생각해 보라. 배는 출항하기 전에 선체를 보강하고 돛을 단단히 하고 보급품을 채워서 항해에 적합한지 확인해야 한다. 이러한 준비는 앞으로의 여정에 있을 예측할 수 없는 위험과 폭풍우 치는 바다로부터 보호해주는 안전한 항구를 정하는 데서부터 시작된다. 항구는 둘러싸여 있어서 배를 외부 세계로부터 안전하게 보호할 수 있다.

"나에게 기대도 돼"

당신은 아이의 안전한 항구다.

가끔 부모가 자신의 고통으로 아이에게 두려움과 혼란을 일으키지만, 당신은 열린 대화, 정서적 친밀함과 성찰적 대화를 통해 아이가 이러한 폭풍을 헤쳐 나가도록 가르칠 수 있다. 배가 바다에서 폭풍을 얻어맞으면 수리하고 식량과 물을 다시 채워 다음 항해를 준비하기 위해 돌아갈 안전한 항구를 찾는다.

성찰적인 대화를 하고 두려움이나 혼란과 같은 불편한 상태를 인정하면 아이가 그것들을 이해할 수 있다. 그렇게 함으로써 당신이 바로 그 안전한 항구임을 아이에게 가르쳐 주게 될 것이다. 즉 아이는 다시 세상으로 나가기 위한 준비를 하고 평온함과 명료함을 되찾기 위해 몇 번이라도 그 안전한 항구로 되돌아갈 수 있다는 것을 배우게 된다.

아이가 겪고 있는 상황에 당신이 어떻게 대응할지 선택할 때 명심해야 할 점이 있다. 아이가 안전한 항구에서 아늑하게 느끼도록 하는 것이다. 만약 당신이 고통스러운 느낌으로 힘든 시간을 보내고 있다면 아이는 당신이 두 가지 S를 충족시켜 주지 못한다고 배울 것이다.

이 두 가지 S는 우리가 이어서 탐구할 것으로서 '관심'과 '진정'이다. 결국 아이는 네 번째 S인 안정 애착의 전반적인 발달이 어려워질 것이다. 안전한 항구가 된다는 것은 아이가 외부 세계든 우리 자신의 부주의한 무서운 행동이든 어떤 원인으로부터 두려움을 느낄 때, 당신이 아이를 보호하는 존재로서 함께 있는 것을 의미한다.

만약 관계를 파괴한 원인이 당신이라면, 고치는 것은 매우 중요하다. 이 세 번째 전략에서 당신은 아이에게 "고통이나 두려움의 근원이 무엇이든 나는 그 무서운 폭풍으로부터 너를 보호할 안전한 항구가 될게. 나에게 기대도 돼"라고 본질적인 말을 믿을 수 있게 반복함으로써 안전한 항구가 되는 것이다.

> 부모의 자기 이해와 회복

더 나은 부모가 될 준비

이 장과 이후 각 장의 마지막 부분에는 당신이 읽은 것을 아이에게 그리고 아이와 당신의 관계에만 적용하는 것이 아니라, 개인으로서 당신 자신에게도 적용할 기회를 마련했다. 아이-부모 애착을 건강하게 증진하는 것도 분명 중요하지만 앞 장에서 설명했듯이 우리 자신의 양육자와 함께 한 경험을 되돌아보는 것도 매우 중요하다.

1장을 읽으면서 당신이 부모로부터 받은 안정 애착에 대해 생각할 때 감사가 올라왔을 수도 있다. 그가 당신에게 그런 식으로 선물했다면 당신도 아이를 위해 함께 있어 주고 그가 안전하다고 느끼게 돌보는 것은 훨씬 쉽고 아마도 상당히 자연스러울 것이다.

반면에 어렸을 때 안정 애착으로 이끌어주는 경험을 받지 못했다면 이 글을 읽는 것이 힘들 수도 있다. 만약 당신의 양육자가 당신에게 공포의 근원이었거나 당신이 두려워할 때 보호해 주지 않았다면, 그런 것이 당신을 정말 힘들게 했다는 것을 받아들일 수 있을 것이다.

당신이 지금 아이에게 안정 애착을 경험하게 하는 것이 왜 어려운지 생각하고 이해할 수도 있을 것이다. 우리는 이 장에서 아이에게 안정 애착을 경험하게 하는 데 도움이 되는 S들 중 하나인 안전에 중점을 두었다. 앞으로 이러한 모든 S들이 어떻게 상호 연관되어 있는지 알 수 있을 것이다. 당신의 어린 시절에 이것들 중 하나, 둘 또는 세 가지 모두 없었거나 힘든 상황이었다는 것을 발견할 수도 있다. 우리는 이것이 당신의 발달에 어떻게 영향을 미쳤으며 지금 당신의 아이와 관계에 어떤 영향을 미칠 수 있는지 논의할 것이다.

그래서 더욱 중요한 것은 아이와의 경험과 그를 위한 소망, 그리고 앞에서 설명한 전략들을 뒷받침하고 있는 과학과 철학뿐만 아니라 당신의 양육자와 가졌던 당신의 어릴 적 경험들에 대해서도 성찰하는 것이다.

그러면 당신은 자신이 지금 어디에 있는지 더 명확하게 알 수 있게 되어, 아이가 세상으로 나갈 준비를 할 수 있도록 그들에게 안전과 안정을 제공하는 더 나은 부모가 될 수 있다.

이것을 염두에 두고 앞 장의 애착 범주를 살펴보라. 특히 안전의 측면에서 당신이 부모와 함께했던 경험을 생각해 보라. 부모와의 관계가 거부형 성인 애착으로 이어질 수 있는 회피 애착과 비슷했는가?

그렇다면 당신이 도와달라고 할 때, 또는 당신이 감정을 표현했을 때 부모가 받아 주지 않았을 가능성이 높으며 스스로에게조차 그 감정을 숨기는 법을 배웠을 수 있다. 또는 부모와의 애착 관계가 몰두형 성인 애착으로 이어질 수 있는 양가 애착과 비슷했다면 확실히 정서적, 관계적 연결과 진정시키기는 전혀 없었고 심지어는 때때로 거슬리고 혼란스럽기도 했을 것이다.

당신은 관계에 대해 불확실한 다른 사람들과 긴장을 유지해야 했고, 그때 당신의 욕구는 충족되지 않았을 것이다. 또는 부모와의 경험이 안정 애착과 거리가 멀었다면, 혼란 애착과 함께 일어나는 혼돈과 예측 불가능성을 만들었을 수 있다. 그래서 가장 기본적인 관계의 상호 작용조차도 때때로 방향 감각을 잃고 해결할 수 없는 공포감으로 가득 찼을 수 있다. 안전에 대한 근본적인 욕구를 확실하게 위반한 것이다.

다음은 이러한 경험들을 더 명확하게 이해하고 부모가 된 지금 그것들을 어떻게 할 수 있는지에 대해 도움이 되는 질문들이다.

1. 당신의 부모나 다른 양육자가 당신이 안전하다고 느끼도록 어떤 식으로 도와주었는가? 어떤 점에서 안전하다고 느끼지 못했는가? 신체적, 정서적, 관계적 경험에 대해 생각해 보라.

2. 당신은 부모로부터 보호받았다고 느꼈는가? 그들은 어떤 점에서 당신을 잘 보호했는가? 그들은 어떤 점에서 실패했는가?

3. 당신의 부모를 두려워한 적이 있는가? 부모가 두려움의 근원이었던 적이 있는가?

4. 당신의 부모가 어떻게 반응했더라면 좋았겠는가? 당신이 안전하다고 느끼는 데 이상적인 것은 무엇이었는가?

5 당신의 가족 안에, 또는 가족 외에 안전한 피난처로써 기댈 수 있었던 사람이 있었는가?

6 당신의 아이가 부모로서의 당신 행동과 반사적 행동에 의해 두려움을 느끼는 것에 대해 생각할 때 어떤 느낌이 드는가? 당신이 '뚜껑이 열리는' 것은 어떤 상황에서인가?

7 당신의 아이가 당신과 힘든 상호작용을 한 후 당신에게 화를 낼 때, 아이는 당신이 어떻게 응답해 주기를 바란다고 생각하는가? 당신은 무엇을 바꿀 수 있는가?

8 당신이 자랄 때 당신의 가족 안에서 사소하거나 또는 아주 심한 갈등이 생긴 후 어떻게 회복되었는가? 지금 부모로서 당신은 어떻게 회복을 시작하는가?

이런 질문들을 자기 자신에게 하는 것이 어려울 수 있으며 죄책감, 두려움, 불안, 슬픔 그리고 설명하기 어려운 갈망, 무력감 또는 수치심 등과 같은 느낌들을 불러일으킬 수 있다는 것을 안다. 그러나 어린 시절에 최적의 양육을 받지 못한 모든 성인들을 위한 좋은 소식이 있다는 것을 잊지 말라. 그것은 안정에 중요한 구성 요소들에 대해 배우고 그것을 지금 당신의 삶에서 창조함으로써 안정 애착을 얻을 수 있다는 것이다.

당신의 경험을 명확하게 하고 그것들에 대한 일관된 이야기를 개발하는 것, 즉 당신에게 어떤 일이 있었고 그것이 성장에 어떻게 영향을 미쳤는지 이해함으로써 당신이 자란 방식과는 완전히 다르고, 훨씬 더 건강한 양육 방식의 애착 접근법을 배울 수 있다는 것이다. 그것은 신중하게 수행된 연구가 밝혀낸 것으로 우리가 어린 시절에 배운 애착 전략은 평생 동안에도 성장하고 발달할 수 있다는 것이다.

이것은 치료사, 특히 애착을 이해하는 치료사와 함께 성찰하고 이해하는 작업을 할 때 매우 도움이 될 수 있다. 그럴 때 당신이 어떻게 양육되었는지에 관계 없이 아이가 안전하다고 느끼도록 하는 데 도움이 되는 방식으로 그들과 대화하고 상호작용할 수 있게 된다. 이렇게 해서 당신이 아이에게 주는 긍정적인 경험들은 그의 뇌를 건설적이고 통합적인 방식으로 연결해서 그가 안전하고, 독립적이며, 회복력이 있는 성인으로 성장할 수 있게 한다. 당신이 어릴 때 한 번도 누려보지 못했던 안전한 항구를 이제 당신의 아이를 위해 되어 줄 수 있다. 더 나아가서 아이가 안정 애착과 견고한 정서적 기반을 갖춘 성인으로 성장할 때 그가 어떤 부모가 될지 생각해 보라!

짜릿하지 않은가? 당신 자신의 과거를 성찰하고 자신의 이야기를 명확하게 하려는 당신의 용기, 노력, 의지로써 불안정 양육의 대물림을 끊고, 애착을 강화하고 당신 아이와 손주들의 안정 애착을 길러주는 새로운 접근 방식이 미래 세대로 이어지도록 시작할 수 있다.

그래서 '당신 자신과 함께 있어 주는 것'은 다만 당신의 아이, 그리고 후손들을 위해 함께 있어 주는 것의 또 다른 방식일 뿐이다.

THE POWER OF SHOWING UP

Chapter 4

관심

—

관심받고 있다고 느끼게 하려면

완벽한 부모가 되라는 건 아니다

네 가지 S 중 두 번째는 아이가 관심을 받고 있다고 느끼도록 돕는 것이다. 진정으로 아이에게 관심을 가진다는 것은 본질적으로 다음 세 가지에 관한 것이다.

(1)아이가 깊고 의미 있는 수준에서 '공감받고' 이해받을 수 있도록 우리가 그들에게 관심을 두고 있다는 것을 알게 하는 방식이다. 즉 그들 내면의 정신 상태를 **감지하는 것**이다.

(2)아이의 마음속에서 실제로 일어나고 있는 것을 우리가 이해하기 위해 상상력을 사용함으로써 그들 내면의 삶을 **이해하게 되는 것**이다.

(3)우리가 아이에게 관심을 둘 때 '따라가기' 방식이라고 부

르는 시기적절하고 효과적인 태도로 **응답하는 것**이다.

따라가기 방식의 의사소통은 3단계 과정을 거치는데 '감지하기', '이해하기', 그리고 이러한 연결로 시기적절하게 '응답하기'를 말한다. 이는 일반적으로 아이가 양육자에 의해 공감받는 것을 돕는 '연결의 삼각형'으로 표시할 수 있다.

이러한 방식으로 아이에게 '관심을 준다는 것'은 아이의 특정 행동이나 상황에 대해 밖에서 관찰할 수 있는 사건에는 덜 집중하고 행동 이면의 마음이나 내면에서 일어나고 있는 것에는 더 집중하는 것을 의미한다.

관계에서 질적인 시간이 필요하다는 오래된 이야기들은 절대적으로 옳다. 물론 양적인 시간도 중요하다.

우리가 아이 주변에 있고, 함께 놀고, 그의 운동경기와 연주회에 함께 있어 주는 것이 필요하다. 하지만 아이가 관심받고 있다고 느끼도록 돕는다는 것은 단순히 물리적으로 같이 있는 것 이상을 말한다.

아이가 무언가를 성취하고 성공할 때, 또는 단순히 행복감을 느낄 때, 축하하는 것뿐만 아니라, '연결의 삼각형'을 적용한 따라가는 방식으로 연결하고, 그가 상처 받았을 때 함께 있어 주는 것이다.

즉 정신적 존재로서 '함께 있어 주는 것'이다.

있는 그대로 아이를
감지하고 이해하고 응답하는 것

당신은 아이에게 관심 주기를 잘하는가? 여기서 진정한 관심 주기란, 시의적절하며 효과적인 '따라가는' 방식이다. 아이를 있는 그대로 감지하고, 이해하며, 응답하는 것을 말한다. 이것은 본질적으로 아이가 소속되고 공감받고 있다는 느낌뿐만 아니라 자기를 알아주고 있다는 데 대한 정서적 감각까지도 경험하게 하는 방법이다.

과학이 주장하고 경험이 뒷받침하는 것은 우리가 아이와 함께 있어 주고 그가 관심 받고 있다는 경험을 할 때, 그들도 명확하고 솔직하게 '자기 자신'에게 관심 주는 방법을 배울 수 있다는 것이다.

우리가 직접적이고 진실한 방식으로 아이를 알아갈 때, 아이들 또한 그런 식으로 자신을 아는 방법을 배운다. 아이에게 관심을 준다는 것은 우리 자신이 감지하고, 이해하며, 응답하는 방법을 현존을 통해서 배울 필요가 있다는 의미이다.

이때 현존한다는 것은 상대를 있는 그대로 바라보면서 그가 되어 가고 있는 것에 마음을 여는 것이다. 그는 우리가 되길 바라는 사람도 아니고, 우리의 두려움이나 욕망대로 걸러진 사람도 아니다. 우리는 단지 그 사람이 자기 안의 충만함을 향해 성장할 때 그를 있는 그대로 보고, 알아주고, 포용하고, 지지해주기만 하면 된다.

지금 바로 잠시 시간을 내어 마음속으로 미래의 어느 날로 빠르게 날아가 보자.

당신의 아이는 성인이 되어 자신의 과거를 돌아보며 당신에게 관심을 받았는지에 관해 말한다. 어쩌면 자기 배우자나 친구 또는 치료사와 이야기를 하고 있을 수도 있다. 상대가 완전하고 아주 솔직한 사람들이라고 하자.

당신은 마음의 눈으로 그 장면을 상상할 수 있는가? 아마도 당신의 아이는 커피 한 잔을 마시며 이렇게 말할 것이다.

"내 엄마는 완벽하지 않았지만 나를 있는 그대로 사랑했다는 것을 나는 항상 알고 있었어요."

"내 아빠는 내가 곤경에 처했을 때도 항상 나를 지지했어요."

아이가 이렇게 말할까?

아니면 자기 부모가 항상 자신이 원하지 않는 것이 되길 원했다는 것에 관해서만 이야기할까? 혹은 부모가 자신을 진정으로 이해하기 위해서 시간을 내지 않았다고 말할까? 아니면 가족 안에서 그가 특정한 방식으로 어떤 역할을 하도록 마음에도 없는 행동을 하기를 원했다고 말할까?

운동을 잘하지 못하는 아들이 운동선수가 되기를 바라는 아빠, 또는 아이가 그걸 할 소질이나 경향이 있든 없든 상관없이 뭐든지 최고가 되라고 다그치는 엄마들에 관한 흔한 이야기들을 우리는 알고 있다.

이것은 그의 아이가 실제로 어떤 아이인지 보지 못하는 부모들의 예이다. 이러한 경험이 어린 시절에만 해당하는 한 번의 경험일 때는 큰 문제가 될 것 같지 않다. 어쨌든 그 시절에 아이와 완벽하게 조율할 수 있는 부모는 없다. 그러나 이러한 방식이 반복될 때가 문제다. 그러한 상황은 아이, 부모, 그리고 그 관계에 부정적인 결과를 초래할 수 있다.

아무도 자기 아이의 신호를 항상 완벽하게 읽을 수는 없다. 우리가 노력한다고 해도, 여전히 때때로 그 흔적을 놓칠 것이다.

아이와 함께 웃고 있을 때, 아이는 부모가 웃음으로 상황을 모면한다고 인식할 수도 있다. 혹은 아이가 하는 말을 불안의 증거로 해석하고 그에 따라 응답할 수 있지만 아이는 다르게 받아들이기도 한다. 부모가 자신을 약하다거나 상황을 감당하지 못한다고 여겼다고 느끼기 때문에 기분이 나빠질 수도 있다. 환경 때문에 우리가 보는 것에 어떻게 응답해야 하는지 실제로 알 수 없었을 수도 있다.

  요점은 아이에게 진정으로 관심을 준다는 것은 종종 잘 될지 안 될지 모르는 일이지만 연결의 삼각형 각 단계를 따라 진지하게 노력하면 연결과 이해를 위한 최고의 기회를 얻을 수 있을 것이라는 점이다.

건강한 관계의 기본은

 마인드사이트의 핵심 측면은 어떤 상황의 표면 아래에서 일어나는 것에 세심한 주의를 기울이는 알아차림이다. 자신의 아이에게 무슨 일이 일어나고 있는지 보면서, 또한 자신의 관점에 영향을 줄 수 있는 자신의 어린 시절 경험들에 대해 계속 알아차리려고 노력하는 것이다.
 그것이 바로 마인드사이트의 힘이다. 즉 다른 사람의 마음뿐만 아니라 자신의 마음도 알 수 있는 능력이다.
 예를 들어 당신이 양육 문제로 파트너와 다투고 있다고 상상해 보라. 아마도 당신의 파트너는 아이가 집안일을 더 많이 하길 원하는 반면 당신은 아이가 이미 너무 바쁜 게 걱정이 돼서 더 이상의 책임을 부여하고 싶지 않다고 해보자.

양육에 관한 대화가 진행됨에 따라 둘 다 몹시 화가 치밀 때까지 갈등은 고조된다. 이때 마인드사이트라는 강력한 도구를 실행해 볼 수 있을 것이다.

마인트사이트는 우선 당신의 의견과 바람뿐만 아니라 좌절과 분노에도 주의를 기울이도록 도우면서 당신 자신을 더 많이 알아차리게 할 것이다. 당신은 파트너와 심지어 당신의 부모와의 과거 문제가 그 토론에 대한 당신의 인식 방식에 영향을 주고 있다는 것까지 알아차릴 수도 있다. 이런 식의 인식은 불화를 크게 진정시킬 수 있는 좋은 기회를 준다.

자신을 더 많이 이해하기 위해 마인드사이트를 내면으로 향하게 하는 것보다 훨씬 더 도움이 될 수 있는 것은 파트너의 마음에서 무엇이 일어나고 있는지를 생각해 보는 데에 그것을 사용하는 것이다. 대화에서 긴장을 고조시키는 데 일조했던 당신 내면의 다양한 많은 힘들이 당신 파트너의 내면에서도 작동하고 있었을 것이다.

파트너의 반사적인 행동을 유발하는 두려움이나 다른 감정들을 이해하려고 하고, 심지어 당신이 사랑하는 이 사람에 대해 공감함으로써 당신은 방어와 판단보다는 민감성과 연민의 마음으로 그 다툼에 훨씬 다르게 다가갈 수 있다. 더불어 더 많은 도론이 될 수 있게 그 논쟁에 접근할 수 있다.

대화에서 부모의 입장을 확고히 고수할 수 있지만, 그 입장을 전달할 때 당신의 접근 방식은 두 사람을 연결하는 훨씬 큰 잠재력을 가지고 있다. 그게 바로 마인드사이트의 힘이다.

아이에게 설교하는 대신

그렇다. 당신은 이것을 짐작했을 것이다.

'연결의 삼각형'은 아이와의 관계에서뿐만 아니라 다른 가족 구성원, 인생 파트너, 그리고 친구와의 관계에도 효과가 있다. 감지하고, 이해하고, 응답하는 것은 우리가 삶에서 돌보는 연결을 구축하는 근본적인 방법이다.

그래서 당신은 부모-자식 관계에서 마인드사이트가 얼마나 강력할 수 있는지 알 수 있다. 마인드사이트 기술을 진정으로 적용하는 부모는 일반적으로 아이에게 안정 애착을 갖게 해준다.

당신의 네 살 난 아이가 자기만 아는 어떤 이유로 욕조에 물이 그대로 차 있기를 바라면서 그 욕조에서 나온 뒤, 당신이 그 물을 배수구로 빼낸 것 때문에 화가 나서 뒹굴게 되었다고 가정해 보자. 당신은 논리에 기반한 좌뇌 지배적인 접근법을 가지고, 목욕 후에는 항상 물을 빼는 여러 가지 이유를 설명하면서 아이와 논쟁하고 싶을 수도 있을 것이다.

하지만 당신도 알고 있듯이 보통 논리와 이성적인 토론은 마음이 심란한 어린 아이에게 효과적이지 않다. 이 순간 어른으로서 그 상황에 접근하는 당신 뇌의 방식은 원래의 방식과는 정반대가 될 수도 있다.

아마도 만약 그 욕조 안에 바다에 해당하는 욕조 물이 배수구로 빠져나가지 않고 남아 있었다고 생각한다면 어떨까. 아이가 꿈꾸는 환상의 세계 속 배의 선원들은 떠밀려가지 않고 항해를 떠날 준비를 마치고 있을지도 모른다.

당신의 목표와 생각으로만 접근하는 대신, 아이의 내면에서 무슨 일이 벌어질지 상상하기 위해 마인드사이트에 의지하면 어떻게 될까?

당신은 이 어린 남자아이가 축구 경기와 이어진 놀이 약속으로 피곤한 하루를 보냈다는 사실에 대해 생각할 수도 있다. 아이가 욕실에서 선원들과 함께 떠나는 여행에 관해 들려주던 이야기에 장단을 맞출 수도 있을 것이다. 그런 다음 당신은 설교하는 대신 아이를 안아줄 수도 있다.

아이에게 물을 욕조에 남겨두는 것이 왜 그렇게 중요한지 물어볼 수도 있다. 그리고 당신은 다음과 같이 그의 느낌을 인정할 수도 있다.

"너는 이번엔 물이 그대로 있기를 원했던 거니? 내가 물 빼는 걸 원하지 않았기 때문에 속상하니? 맞아?"

이런 식으로 먼저 연결함으로써 당신은 아이가 진정하고 잘 준비를 할 수 있도록 돕는 훨씬 더 큰 기회를 갖게 될 것이다.

열두 살짜리 딸아이가 친구의 파티에 가는데 입고 싶은 반바지를 찾지 못해 눈물을 흘리고 있는 상황에서도 마찬가지다. 미리 계획하지 않은 것에 대해 질책하거나 필요한 물건을 챙겨두지 않은 것에 대해 설교할 절호의 기회는 아닐 것이다.

당신은 나중에 아이가 제대로 이해할 수 있는 상황이 될 때, 세탁물과 방 정리에 대한 가족의 기대를 말해도 된다. 이때 당신이 할 수 있는 최선은 아이가 느끼고 있는 것에 주목하고 아이의 반사적인 행동에 대해 과장되었다고 생각될지라도 지금 그 감정이 아이에게는 매우 현실적이라는 것을 인식하기 위해 마인드사이트를 사용하는 것이다. 그러면 잃어버린 반바지를 찾는 데 당신이 도움을 줄 수 있든 없든 적어도 지금 당장은 딸의 마음 상태를 알아차릴 수 있게 된다.

이 말은 당신이 그 문제 자체를 고칠 수는 없더라도 딸과 함께 있어 주고 그녀가 그 혼란스러운 상황을 처리하도록 도울 수 있다는 의미이다.

다시 말하지만 아이를 위해 함께 있어 준다는 것은 모든 문제로부터 아이를 피신시켜 준다는 것이 아니다. 그 반바지를 대신할 것에 집중할 필요는 없다.

함께 있어 준다는 것은 아이가 어떤 장애물에 직면하든 그것을 다루는 방법을 배우면서 아이와 함께 그곳에 있는 것이다.

우리가 지금 어떤 초능력 부모를 말하고 있지 않다는 점에 유의하라. 당신은 마음을 읽거나 당신의 모든 결점을 초월하거나 영적 깨달음을 얻을 수 있어야 한다는 게 아니다. 단지 함께 있어 주어야 한다. 현존으로 함께 있어 주라. 그리고 당신이 아이를 받아들이고 있고 어떤 일이 있어도 당신이 그들과 함께 할 것이라고 아이가 느끼게 두려는 의도로 함께 있어 주라. 그것이 바로 당신이 아이에게 관심을 준다는 -실제로 본다는- 의미이다.

그리고 당신 자신의 마음을 보는 것 또한 중요하다는 점을 기억하라. 당신이 지금 어떤 느낌인지, 당신의 다양한 감정들이 어디에서 오는지를 인식한다는 것이 중요하다는 의미이다.

결국 갈등이나 긴장 가운데서 당신이 경험하는 것 중 어떤 것들은 아들의 목욕 시간이나 딸이 파티에서 입을 옷과는 관련이 없을 수도 있다.

만약 당신이 자신의 마음과 감정에 주의를 기울일 수 있다면 당신과 아이 모두에게 기분 좋은 방식으로 자신을 다룰 수 있는 훨씬 더 좋은 기회를 갖게 될 수 있다. 그러면 당신이 어떤 힘든 상황에서 어떻게 응답할지를 실제로 선택하고 있을 때, 단지 당신의 무의식적인 욕망과 성향에서 반사적으로 반응하기보다는 아이에게 진짜로 관심을 주고 그 상황에서 아이가 필요로 하는 바로 그것을 제공하는 방식으로 응답할 수 있다.

여기에 더해서 마인드사이트로 응답할 때 아이에게 사랑의 관계가 어떻게 작용하는지 가르치게 될 것이다. 조율하고 공감하는 것은 건강한 관계의 기본이다.

아이를 위해 그렇게 할 때, 안정기지를 발달시켜 주는 데에 한 걸음 더 가까워진다. 그러면 아이는 그가 다른 사람과 함께 있어 주는 방법뿐만 아니라 그들 자신을 위해 함께 있어 줄 친구와 파트너를 찾는 방법도 배울 것이다. 이것은 그들이 그 교훈을 그들 자신의 아이와 건강한 관계를 맺는 기술을 쌓아서 미래 세대로 전수해 주게 된다는 것을 의미한다.

그때 어떤 일이 일어날까?

여기 가슴 아픈 현실이 있다. 어떤 아이는 어린 시절 대부분을 관심받지 못한 채 살고 있다.

이 아이가 어떻게 느낄지 상상해 보라. 그 아이는 교사, 또래, 심지어 그의 부모에 대해 생각할 때 마음에 하나의 생각을 떠올린다.

"그들은 나를 전혀 받아 주지 않아요."

아이가 관심받고 이해받는다고 느끼지 못하게 방해하는 것은 무엇인가? 때때로 우리가 아이의 개성, 열정, 행동보다는 우리 자신의 욕망, 두려움, 문제와 더 관련 있는 어떤 '렌즈'를 통해 아이를 보기 때문이다.

고정된 필터는 우리가 감지하고 이해한 다음 조율하는 방식으로 응답하는 것을 어렵게 만들 수 있다. 어쩌면 우리는 꼬리표에 집착하여 "그는 아기야"라고 또는 "그애는 운동을 잘 해(또는 수줍음을 많이 탄다, 또는 예술적이야)" 또는 "개도 나처럼 쾌활한 아이야" 또는 "그녀는 아빠처럼 고집불통이야"라고 말한다.

우리가 아이를 이렇게 정의할 때, 꼬리표나 비교를 사용하거나 때로는 진단을 사용하여 그를 포착하고 분류할 때, 정작 내 아이가 누구인지 전체적으로 보지 못하게 된다.

그렇다. 우리는 인간이고 우리의 뇌는 들어오는 에너지 흐름을 개념과 범주로 구성한다. 뇌가 하는 일이다. 그러나 우리가 직면한 과제 중 하나는 이러한 범주를 식별하고, 종종 아이를 제한적으로 보는 시각의 영향으로부터 우리의 마음을 해방시키는 것이다.

예를 들어 '게으르다'는 많은 부모가 자신들의 아이에 대해 사용하는 단어다. 그것은 아이가 때로는 충분히 공부하지 않거나 노력하지 않거나 집안일을 기꺼이 도와주지 않기 때문이다. 이런 부모는 '게으름'을 성격의 결함으로 생각하는 것 같다.

하지만 아이가 우리의 기대나 원하는 정도보다 노력을 덜할 때는 우리가 생각하지 못한 그럴만한 이유들이 있을 수도 있다. 즉 아이들이 부모가 좋아하는 방식으로 상황에 응답하지 않는다는 것이다.

당신의 딸이 학습 내용을 암기하는 데 어려움을 겪고 있는 것은 게으르기 때문이 아니라 지원이 필요한 학습 장애가 있기 때문일 수도 있다. (사실 장애가 있는 아이는 대부분 또래 아이보다 더 많은 노력을 하는 경우가 많지만 좋은 결과를 얻지 못하고 있고 부모는 더 열심히 노력해야 한다고 생각한다.)

아니면 아이는 효과적으로 공부하는 법을 아직 배우지 못했거나 잘 배우는 데 필요한 에너지를 유지할 만큼 충분한 수면을 취하지 못하고 있을 수도 있다.

당신 아들은 자유투 슛 연습을 매일 하고 싶지 않을 수도 있다.

왜냐하면 아동 발달상 열 살짜리 아이가 어떤 체육활동에 그런 종류의 헌신을 하는 것은 일반적이지 않기 때문이다.

요점은 아들이 농구를 더 잘하고 싶어 한다면 연습하지 말아야 한다는 것이 아니다. 딸이 지리 시험을 준비할 필요가 없다는 것도 아니다.

우리는 단순히 아이를 섣불리 판단하고 '게으르다'와 같은 꼬리표를 붙이는 대신 부모로서 그의 겉모습 이면에 무슨 일이 일어나고 있는지 생각하기 위해 잠시 멈추어야 한다는 것이다. 꼬리표는 우리가 아이를 분명하게 보지 못하게 할 수 있다.

더 나쁜 것은 우리가 사용하는 이러한 범주와 분류에 대해 아이가 알아차리고, 우리가 그를 보는 방식에 따라 그가 자기 신념을 형성한다는 것이다.

우리는 누구나 다른 사람들이 우리를 그 안에 집어넣는 범주의 거울을 통해 우리 자신에 대해 배운다.

선의를 가진 부모조차 빠질 수 있는 함정은 아이가 진정한 자신이 아닌 다른 무언가가 되기를 바라는 것이다. 우리는 아이가 공부를 잘하거나 운동을 잘하거나 예술적이거나 깔끔하거나 성취 지향적이거나 또 다른 어떤 존재가 되기를 원할 수도 있다.

하지만 만약 아이가 골대에 공을 차 넣는 것에는 관심이 없다면 어떨까? 아니면 그렇게 할 수 없다면? 아이가 플루트 연주에 관심이 없다면 어떨까? 전 과목 A를 받는 것을 중요하게 여기지 않거나 성별 표준규범을 따르는 것이 진실하지 않다고 느낀다면 어떻게 될까?

모든 아이는 독특하다. 우리가 가진 욕망과 범주가 우리의 인식을 지배할 때, 우리는 아이를 분명하게 보지 못한다. 그리고 아이를 볼 수 없으면 우리가 아이를 사랑한다고 말할 때, 그것은 진정으로 무엇을 의미하는 걸까? 있는 그대로의 진짜 아이를 어떻게 하면 포용할 수 있을까?

거기서 당신이 할 일은 무엇일까?

때때로 이 문제는 부모와 아이의 성격이 서로 맞지 않는 것처럼 단순하다. 당신은 벌새처럼 움직여 모든 일을 빠르고 효율적으로 완수하는 것을 좋아할 수 있다.

그런데 당신의 딸은 좀 더 느린 속도를 타고났다. 딸아이는 어쩌면 호기심 많고, 자신을 둘러싼 매혹적인 세세한 것들을 탐구하고 배우고 싶을 수도 있다.

거기서 당신이 할 일은 무엇일까?

당신의 방식이 우물쭈물하기보다 효율성이 훨씬 뛰어나기 때문에 아이를 당신의 작은 버전으로 만들고 싶은가?

당연히 아니다. 오히려 당신이 일반적으로 일을 처리하는 방식을 약간 조정하는 것이 필요할 수도 있다.

아이가 학교 갈 준비를 하는 데 시간이 더 걸리니까 좀 더 일찍 깨우는 것은 어떤가? 아니면 잠자기 전 아이와 함께 책을 읽을 때, 머리를 식히기 위한 시간이 필요할지도 모른다. 이런 것들은 정말 간단한 응용이다. 만약 당신이 아이에게 진정으로 관심을 주지 않는다면 아이를 충분히 알지 못하고 앞으로 삶을 더 편하게 만들기 위해 일상을 어떻게 바꾸는 것이 최선인지도 알지 못할 것이다.

최악의 방식 중 하나는 아이의 느낌을 무시하는 것이다. 그것은 어린아이가 넘어지고 울 때 "울지 마. 다치지 않았어?"라고 말하는 것을 의미한다.

성장기 아이는 댄스 교습 첫 수업에 참석하는 것과 같이, 뭔가에 대해 불안해할 수 있다. 당신이 아이에게 "걱정 마. 긴장할 이유가 없어"라고 말하는 것이 아이를 더 편안하게 해줄 것 같지는 않다.

그렇다. 우리는 아이를 안심시키길 원하며, 아이가 괜찮을 것이라는 것을 알게 되도록 거기에 함께 있기를 바란다. 그러나 이것은 아이가 느끼고 있는 것을 부정하는 것과 다르다. 자신의 감정을 믿지 말라고 분명히 말하는 것과도 매우 다르다.

그래서 대신에 우리는 단지 그들에게 관심 주기를 바란다. 그가 경험하고 있는 것을 알아차리고, 아이를 위해 함께 거기 있는 것이다.

심지어 말은 비슷할 수도 있다. 우리는 결국 다음과 같이 말할지도 모른다.

"괜찮을 거야" 또는 "첫날에는 대부분 긴장하기 마련이야. 네가 편해질 때까지 내가 거기 있을 거야."

하지만 만약 우리가 아이들에게 관심을 주고 아이가 느끼고 있는 것에 주의를 기울이는 것으로 시작한다면 우리의 응답은 훨씬 더 연민 어린 목소리를 갖게 될 것이다. 그래서 아이가 공감받는다고 느낄 때 아이는 부모인 당신이 진정으로 자기를 알게 됐다는 소속감을 갖게 될 수 있다.

아이는 또한 관심받고 존중받는 '나'와 '우리' 두 존재 모두에 대한 생각을 하게 될 것이다. 여기서 '우리'란 아이 단독의 자아보다는 훨씬 더 크지만, 타협이나 독특한 개인으로서의 존재감을 잃을 필요가 없는 상태를 말한다.

이것은 미래에 연결의 한 쪽 부분이 될 관계에서 어떻게 통합을 위한 토대를 마련할지를 보여 주는 것이다.

우리가 이야기하는 공감은 아이의 마음에 평온함을 훨씬 더 많이 만들어 줄 것이다. 대개 그렇듯이 우리가 사랑과 지지를 보여줄 때 아이뿐만 아니라 부모로서 우리에게도 더 나은 삶을 만들게 된다.

아이는 당신을 보고 있다

 우리는 이전 장에서 안정 애착을 형성하는 것에 대해 이야기했다. 아이에게 진정으로 관심을 쏟으면 그의 좋은 점과 나쁜 점 모두를 있는 그대로 다 포용한다는 느낌을 주기 때문에 아이가 안정을 확고히 굳히는 데 도움이 된다.
 우리는 아이에게 우리가 아이를 환영하고, 너무나도 좋아하며, 심지어 그의 모든 부분들이 항상 매력적이거나, 즐겁거나, 논리적이지는 않더라도 아이를 알기를 원한다고 전하기 바란다.
 그런데 아이에게 어떻게 그런 메시지를 전할 수 있을까? 그가 어떻게 느끼거나 행동하는지에 대한 우리의 응답으로 전해진다. 부모-자식의 모든 상호작용은 어떤 메시지를 주고 받는다.

우리는 아이에게 그런 상호작용에 대해 우리가 어떻게 느끼는지 암시를 준다. 그리고 아이가 사람들의 마음을 읽는 고수처럼 그런 암시를 읽을 수 있다고 믿어도 좋다. 틀림없다.

아이들은 우리가 명백하게 말하든 그렇지 않든 부모가 느끼고 있는 것을 안다. 그리고 우리의 도움으로 그러한 경험을 이해하는 법을 배우는 정도가 달라진다. 뿐만 아니라 그들 자신의 내적 경험이 우리에게서 알아낸 것과 얼마나 잘 일치하는지에 따라 정서적 안정을 느끼는 정도가 달라진다.

심지어 아이는 영유아 때부터 이런 일을 반복해서 경험했다. 아기는 낯선 사람이 방에 들어오거나 발을 헛디더 넘어지는 것을 보았을 때, 즉시 당신을 쳐다보며 어떻게 응답하는지에 대한 신호를 찾는다.

아이는 알고 싶어 했다.

내가 지금 바로 두려워해야 하나? 나는 안전한가?

그리고 당신이 어떻게 반응을 보였는지에 따라 자신의 행동으로, 그리고 자신의 감정이 형성되고 표현되었던 방법으로 자신의 반응을 맞추는 법을 배웠다. 이러한 상호작용을 '사회적 참조'라고 한다. 이는 아이가 정서적으로 인식하는 인간으로의 발달 초기에 나타난다. 아이는 당신을 보고 있다.

아이는 자라면서 계속해서 당신을 연구했고, 주어진 상황에서 당신이 어떻게 느끼는지를 발견하기 위해 신호를 읽는 데 점점 더 능숙해졌다. 그 신호는 분명한 대화처럼 당신이 의도적으로 준 신호이거나, 또는 당신은 보내는 줄도 몰랐을 수 있는 당신의 태도에 내재된 암묵적인 메시지들이다. 그리고 의사소통에서 이러한 반복된 패턴은 아이가 자신과 주변 세계에 대해 어떻게 느끼는지에 대한 자신의 정신적 모델에 상당한 영향을 끼쳤다.

아이가 가진 충만함을 이해하기

우리가 아는 한 친구는 아들 제이미가 한 살 때 기어 올라가거나 도전적인 무언가를 할 때 귀엽고 큰 소리로 "조심해, 제이미. 조심해"라고 말했다고 한다. 이것은 위험한 일을 시도할 때 부모가 그에게 더 조심하라는 신호를 보내는 방식을 모방한 것이었다. 일반적으로 우리 내면의 신호로부터 나와 아이에게 하는 지시는 그에게 부정적인 또는 긍정적인 영향을 줄 수 있다.

우리가 전달하는 것은 아이가 발달상 건강한 방식으로 탐험하는 것을 방해하고 두려움과 부적절한 불안을 불러일으키거나, 혹은 익숙한 것을 넘어서 나아가는 것을 편안하게 느끼도록 도와주는 용기와 회복탄력성을 불러일으킬 수 있다. (항상 그렇듯이 타고난 기질을 염두에 둬라. 어떤 아이는 조심하도록 상기시켜야 하는 반면 다른 아이는 미지의 영역으로 들어가기 전에 시간과 격려가 필요하다.)

요점은, 아이는 세상이 얼마나 안전한지 뿐만 아니라 그의 감정을 전달할 때 우리가 어떻게 느끼는지에 대해서도 올바르고 정확하게 이해하는 법을 배운다는 것이다.

그는 우리가 진정으로 관심을 주고 있으며 그가 어떻게 느끼는지 알고 싶어 한다는 반복적인 메시지를 받을지도 모른다. 그의 감정이 부정적이거나 심지어 무서울 때를 포함해서 말이다. 그리고 그가 어떻게 느끼든 우리가 정서적으로 그들과 함께 있어줄 것이라는 것도. 혹은 그렇지 않고 어쩌면 우리는 정반대의 것을 전달할 수도 있다.

지금 잠깐 당신의 아이가 무언가에 대해 화가 나서 당신에게 왔던 때를 생각해 보라. 당신은 정말로 그에게 관심을 가지고 '따라가기' 응답을 하기 위해 당신의 마인드사이트를 사용했는가? 명시적이든 묵시적이든 당신은 어떤 응답을 했는가?

안정 애착을 구축하는 데 있어 중대한 부분은 아이의 있는 그대로 그 충만함을 환영하는 것이다. 그것은 그의 느낌, 심지어 그를 압도하려고 위협하는 크고 무서운 느낌까지도 편안하게 나눌 수 있게 만들어 준다.

기억하라. 그들은 당신이 보내는 메시지를 내면화할 것이다. 그래서 만약 당신이 그들에게 "듣고 싶지 않아"라는 말을 하거나 그런 느낌을 준다면, 그들은 당신과의 관계에 관해 그런 줄 알게 될 것이다.

특히 그가 어려움을 겪고 있을 때, 위험이 클 때, 또는 십대로서 더 비밀스럽게 될 때 그러하다. 그러면 당신은 아이가 당신에게 다가오는데 정작 중요하게 여기는 무언가에 대해서 듣지 못할 수도 있다.

하지만 당신이 아이를 위해 거기에 있다는 것을 전하기에 아직 늦지 않았다. 그리고 그렇게 하지 못했을 때는 사과할 수 있다. 아이가 어떻게 행동하든 당신에게 뭐라고 말하든 간에, 당신이 아이를 얼마나 사랑하는지를 알려주는 신호들을 계속 보낼 수 있다.

'관심' 대신 '수치심'을 준다면

당신은 아이로 하여금 관심받고 있다고 느끼게 돕는 것이 우리의 네 가지 S 중 첫 번째인 안전의 경험과 어떤 면에서 겹친다는 것을 알아차렸을 수도 있다.

아이가 자신을 있는 그대로 보여줄 수 있을 만큼, 그리고 굴욕과 수치심을 불러일으키거나 두려움과 공포를 불러일으키는 방식으로 우리가 반응할 것이라는 걱정 없이 아이가 느끼고 경험하고 있는 것을 우리와 나눌 수 있을 만큼 안전하다고 느끼기를 바란다.

그러면 우리는 아이를 훨씬 더 완전하게 볼 수 있다. 하지만 그가 그렇게 하는 것이 안전하다고 느끼지 않는다면 아이들은 우리에게 있는 그대로의 모습을 보여줄 수 없다.

예를 들어 만약 아이가 혼자 있는 것, 할로윈 복장, 또는 뭔가 다른 어떤 것을 두려워한다고 해서 엄마가 아이를 부끄럽게 여긴다면 아이는 불안할 때 엄마가 알지 못하게 할 것이다. 그렇게 되면 엄마가 아이를 실제로 알게 되는 것은 훨씬 더 어려울 것이다.

아이가 혼자서 자신의 느낌을 감당해야 할 때

결과적으로 아이는 혼자서 자신의 느낌을 감당해야 한다. 거기서부터 문제가 눈덩이처럼 불어난다. 아이가 처음 가는 야외 놀이에 대해 불안해할 때, 아이는 엄마에게 자신의 실제 느낌을 말하기 어려워할 것이다.

아이 혼자 그 상황을 직면하게 될 것이고, 이것은 종종 더 큰 불안으로 이어진다. 그래서 아이가 가기를 거부한다고 가정해보자. 아픈 척하거나 단순히 발작을 일으키며 안 가겠다고 고집하는 것일 수도 있다.

그러면 엄마는 아이의 행동을 반항하는 것으로 보고 벌을 주지만 실제로 아이의 내면에서 무슨 일이 일어나고 있는지 결코 보지 못한다.

대신에 만약 엄마가 아이의 마음을 솔직히 보고 이해하기 위해 마인드사이트를 사용했다면 아이가 두려움과 불안을 전하는 것에 대해 환영할 수 있었을 것이다. 그러면 아이는 자기가 느끼고 있는 것을 말할 수 있었을 것이고, 아마도 엄마는 아이가 야외 놀이에 참석할 수 있도록 긴장을 처리하는 데 도움을 줄 수 있었을 것이다.

우리가 아이의 감정을 묵살하거나, 가볍게 보거나, 비난하거나, 창피를 줄 때 아이가 있는 그대로의 자신을 우리에게 보여주지 못하게 하는 것이다.

수치심은 관심을 갖지 못하게 방해하는 강력한 힘을 가지고 있다. 하지만 우리는 자주 아이에게 그렇게 한다. 아이가 자신의 느낌을 효과적으로 다룰 수 있도록 관심을 보이고 연결한 다음 문제 해결을 위해 지원하는 대신 수치심을 줄 때가 많다. 수치심은 직접적일 수 있고 무시하는 말을 포함할 수 있으며, 분노와 결합하면 심지어 굴욕감을 줄 수도 있다.

수치심은 또한 간접적일 수도 있다. 이것은 아이가 정서적으로 극심한 상태에 있을 때, 그리고 아이가 연결하려고 노력하고 있음에도 불구하고 우리가 아이의 그런 정서적 순간에

조응하지 않을 때 발생할 수 있다. 긍정적인 상태이든(무언가에 열광함) 또는 부정적인 상태이든(슬픔, 분노, 두려움) 부모로부터 조율 받지 못하는 순간 반복적인 단절이 발생할 수 있다. 이것은 아이에게, 혹은 누구라도 간접적으로 수치심을 갖게 할 수 있다.

연결이 필요한 바로 이 순간에 아무것도 일어나지 않는 것이다. 발달 중인 아이가 반복적으로 관심을 못 받고(**감지**), **이해**받지 못하고, 개방적이고 효과적인 방식으로 **응답**받지 못하면, 즉 필요할 때 '연결의 삼각형'을 제공받지 못하는 경우, 반복되는 이러한 경험은 자신에게 결함이 있다는 내적 감각에 따라오는 수치심을 형성할 수 있다.

왜 그런가? 아이러니하게도 생존을 위해 아이가 의지하고 있는 부모들을 실제로 신뢰할 수 없기 때문이 아니라 차라리 자신에게 뭔가 문제가 있기 때문에 자신의 욕구가 충족되지 않는다고 믿는 것이 더 안전하기 때문이다. 바로 이것이 수치심과 죄책감이 다른 점이다. 죄책감은 행동이 잘못되었고 앞으로 고쳐질 수 있다는 의식이 있다.

우리가 아이에게 직접적이거나 혹은 간접적인 형태로 수치심을 주면, 아이가 자신이 잘못되었다고 느끼게 만들지도 모른다. 이것은 그가 단순히 자신이 되고 연결에 대한 건강한 욕구를 표현하는 것임에도 불구하고 자신에게 잘못이 있다고 느끼는 것이다. 슬프게도 이러한 수치심의 상태는 그것이 우리의 삶에 체계화되어 있는 한 부분이라는 것을 알아차리지 못한 채 어린 시절이 훨씬 지난 후에도 우리에게 남아서 어른으로서 행동하는 방식을 형성할 수 있다.

다음에 나오는 표에서 그 차이를 볼 수 있다. 관심을 보이는 것이 아이로 하여금 마음을 가라앉히고 우리에게 마음을 열어주도록 초대하는 데 도움이 되는 반면, 수치심을 주는 것은 그가 진정한 자신을 우리에게 보여주지 못하게 한다. 그리고 더 나쁜 것은 일반적으로 수치심이 우리가 바라는 행동을 만들어 내지 못한다는 것이다. 만약 그렇다면, 아이는 겉으로는 우리가 원하는 대로 행동하더라도 내면은 두려움과 낙담으로 가득 차 있을 수도 있을 것이다. 사실, 연구에 따르면 어린시절에 자주 수치심을 경험하는 것은, 불안, 우울증, 그리고 다른 정신 건강 문제가 따라올 가능성이 훨씬 더 높은 것과 관련이 있다고 한다.

물론 아이에게는 그가 할 수 있는 것보다 더 많은 것을 하도록 도전해야 할 때도 있다. 단순히 긴장되어서 물 미끄럼틀의 재미를 맛볼 기회를 놓치거나, 첫 연습에 가는 것이 불안해서 축구 시즌을 통째로 건너뛰는 것은 원치 않는다. 그들에게 관심을 보내고 지원한다는 것은 그런 뜻이 아니다. 우리도 똑같이 현실적이기를 원한다. 아이에게 관심을 준다는 것은 장점과 단점을 모두 알아차리고 있다는 것을 의미한다. 따라서 인내심, 매너, 충동 조절, 공감, 그 외에 아이가 습득하기 위해 노력할 필요가 있는 기술들을 관찰할 때, 당신이 할 수 있는 사랑의 행동은 그에게 그런 분야를 실습하도록 하는 것이다. 당신이 그가 직면할 수도 있는 어떤 단점이나 장애물을 포함하여 있는 그대로의 그를 무시하면 그에게 어떤 도움도 주지 못한다.

하지만 아이가 그에게 익숙한 영역 밖으로 나가도록 격려하거나, 그에게 부족한 사회적 또는 정서적 기술을 함께 해보는 것은, 그가 우리가 원하는 방식으로 행동하지 않을 때 그를 수치스럽게 하는 것과는 매우 다르다. 다시 말하지만, 이것은 그를 응석받이로 대하라거나, 혹은 그들에게 어떤 새로운 것에 대한 시도나 편안한 것을 넘어설 것을 결코 요구하지 않는다는 것이 아니다. 중요한 점은 그가 정말로 느끼고 있는 것을 우리에게 보여주도록 허용하는 것이다. 그래서 우리가 그의 경험에 동참하고 그를 장악하려고 위협하는 커다란 감정을 처리하도록 도우라는 것이다. 이것이 있는 그대로의 진짜 그에 대해 관심을 보내는 것이다.

아이에게 창피를 주면 아이는 자신의 진정한 모습을 보여주지 않는다.

창피 주기	관심 주기
다 큰 남자아이는 자기가 원하는 것을 얻지 못할 때도 울지 않아.	나는 네가 정말로 그 장난감을 사고 싶어 한다는 걸 알아. 원하는 것을 얻지 못하면 누구나 힘든 법이지.
네 친구 중에 자전거 타기를 무서워하는 애는 아무도 없잖아.	무섭지 않니? 내가 계속 네 옆에서 달릴 게. 넌 할 수 있어.
왜 자꾸 이런 식으로 행동하는 거니?	네가 그때 파티에서 나오고 싶지 않았다는 거 알아. 알겠어. 나도 내가 좋아하지 않는 일을 해야 할 때가 싫어.

관심 전략 1.
'할 수 없는 것'과 '하지 않으려는 것'을 구분하라

 아이가 관심받는다고 느끼도록 돕는 첫 번째 실행 가능한 단계는 단순하다. 아이를 관찰하는 것이다. 시간을 내어 단지 그의 행동을 살펴보고, 선입견을 버리고, 성급하게 판단하는 대신 실제로 무슨 일이 일어나고 있는지 생각해 보는 것이다.

 단순히 관찰하는 것만으로도 아이에 대해 많은 것들을 배울 수 있다. 우리가 노력한다면 마음을 열고 보는 것을 더 잘할 수 있다.

 그러나 다시 한번 말하지만, 정말로 아이에게 관심을 보이려면 종종 겉으로 쉽게 볼 수 있는 것에 주의를 기울이는 것 그 이상이 필요하다. 때로는 아이가 보여주는 외적인 활동과 행동들의 세계 아래에서 실제 무슨 일이 일어나고 있는지 보기 위해 더 깊이 내려가야 한다. 아이의 활동을 관찰하고 아이가 우리에게 말하는 것을 확실히 듣기를 바란다.

실제 아이가 이야기하는 것보다 수면 아래에서 더 많은 일들이 일어나는 것은 자주 있는 일이다. 그러므로 눈에 보이는 것 이면에 더 깊이 들어가는 것은 부모로서 책임의 일부인 것이 분명하다.

이것은 당신의 아이에게 일어나는 일들에 대해 기꺼이 처음의 가정과 해석을 넘어서 살펴보는 것을 의미한다. 그것은 즉각적인 판단보다는 호기심의 태도를 취한다는 뜻이다.

바로 이 호기심이 핵심이다. 호기심은 부모가 활용할 수 있는 가장 중요한 도구 중 하나이다.

당신의 아기가 '높은 의자에 앉아 스파게티 접시 밀어내기' 게임을 할 때면 당신은 처음 좌절감을 맛볼 수 있다. 만약 아이가 당신을 폭발시키려 한다거나 어떤 식으로든 저항하는 것이라고 가정한다면 아마도 그에 따라 반응할 것이다.

그러나 아이의 얼굴을 보고 아이가 바닥과 벽에 튄 붉은 자국에 얼마나 매료되었는지 알아차린다면 당신은 조금 다르게 느끼고 반응할 수도 있다.

인지과학자인 앨리슨 고프니크(Alison Gopnik), 앤드류 멜트조

프(Andrew Meltzoff), 패트리샤 퀼(Patricia Kuhl)은 '요람 속의 과학자'에 대해 썼는데, 아기들과 어린 아이가 하는 행동의 상당 부분은 배우고 탐구하려는 본능적인 충동의 일부라고 설명했다.

그래서 만약 당신이 이 충동을 알아차리고 있다면 스파게티가 튀었을 때, 그것을 지워야 한다는 것에 대해 좌절할 수도 있겠지만 호기심을 발동시킬 수 있다. 그렇다면 잠시 멈추고 '얘가 왜 그랬는지 궁금한데?'라고 생각할 수 있다.

그런 다음 아이를 자기에게는 너무나 새로운 이 세상을 탐험하면서 자료를 모으고 있는 젊은 연구자로 본다면 실험의 잔재를 정리해야 할 때도 인내로 응답할 수 있다. (그렇다. 그래서 어린 아들이 하는 이 단계에 대해 당신 나름의 데이터로 수집했다면 다음번에는 수건을 깔아 놓을 필요가 있다는 것을 알게 될 것이다.)

나쁜 행동이라는 꼬리를 붙이기 전에

우리는 『아이의 인성을 꽃피우는 두뇌 코칭』이라는 책에서 아이의 행동 뒤에 숨겨진 '이유를 찾아내라'고 부모들에게 권한다.

어떤 행동에 즉시 '나쁜 행동'이라고 꼬리표를 붙이기보다는 "내 아이가 왜 그런 행동을 할까?"라고 호기심을 가지고 질문함으로써, 그 행동에 대해 훨씬 더 있는 그대로 응답할 수 있다.

때로는 그것이 정말 해결해야 할 행동일 때도 있다. 예를 들면 우리가 계속 말하듯이 아이는 분명히 경계가 필요하다. 무엇이 괜찮고 그렇지 않은지를 가르치는 것은 우리가 할 일이다.

그러나 다른 경우 아이의 행동은 발달상 그 시기의 전형적인 특성일 수도 있다. 이때는 그에 맞게 응답해야 한다. 그럼에도 불구하고 비록 그 행동이 규율(가르침과 기술 쌓기를 말함)을 필요로 한다 하더라도, 그 행동의 이유에 대해서는 호기심을 가지고 추적해야 한다. 아이의 마음속에서 무슨 일이 일어나고 있는지, 그리고 그 행동이 애초에 어디에서 유래했는지 정확히 판단할 수 있다면 좋을 것이다.

다른 행동들에 대해서도 마찬가지다.

만약 아이가 다른 어른을 만났을 때 큰 소리로 인사하는 것에 저항한다면, 아이가 예의 바르게 행동하는 것을 거부하는 것이 아닐 수도 있다. 단순히 수줍어하거나 불안해하는 것일 수도 있다. 다시 말하지만 이 과정에서 아이에게 사회적 기술을 가르치지 말라거나 불편한 상황에서 어떻게 말하는지를 배우도록 격려하지 말라는 의미가 아니다.

단지 바로 지금 아이를 있는 그대로 보길 바란다는 말이다. 아이의 말수가 적은 진짜 원인을 알아보라. 그러면 아이에게 효과적으로 응답할 수 있다.

한편 우리는 아이에 대해 명확하고 높은 기대치를 설정하는 것을 매우 선호한다. 아이가 열심히 일하는 것의 가치를 배워야 하고, 할 수 있는 것보다 더 많은 것을 하도록 격려받을 필요는 물론 있다.

하지만 좀 더 깊이 파고들면 우리가 아이에게 비현실적인 요구를 하고 있다는 것을 발견하게 될 때도 있다. 우리가 부모로서 아이가 될 수 있는 모든 것이 되도록 돕기를 원한다는 것은 분명하다. 하지만 아이에게 정말로 힘에 부치는 일을 하라고 요청하지는 않기 바란다.

중요한 질문 한 가지가 있다. 아이가 어떤 행동을 '할 수 없는 것'이 아니라 '행동하지 않으려는 것'인가이다. 만약 아이가 당신이 요청하는 대로 행동하지 않으려 한다면 그 이유는 가만히 앉아 있거나 착실하게 지시를 따를 수 없는 상황과는 매우 다르게, 과잉 행동 경향이나 발달상 부적절한 기대 또는 다른 이유 때문일 수도 있다는 것이다.

티나는 최근 이러한 점을 잘 반영한 토론에 참석했다. 그녀는 교사들에게 '깊이 파고 들어가는 것'과 그것이 언제인지 그리고 학생들의 행동을 이해하게 되는 것이 언제 어떤 이유 때문인지 파악하는 것에 대해 말하고 있었다.

발표 마지막 질의응답 시간에 배려심 깊고 경험이 풍부한 한 교사가 말했다.

"만약 당신의 말이 사실이라면 나는 교실에서 규율을 다루는 방식을 완전히 재고해야 합니다."

티나는 어떤 상황인지 자세히 물었다.

그 교사는 자신이 교실에서 하는 활동을 설명했다. '빨간색, 노란색, 초록색' 신호등 차트를 만들어 아이들의 행동에 따라 아이들 이름을 그 구역에 집게로 달았다고 했다. 모든 아이는 차트의 초록색 구역에서 하루를 시작했다. 그런 다음 잘못된 행동을 하면 그 아이의 이름표는 경고를 나타내는 노란색 구역으로 옮겨졌다. 계속해서 규칙을 위반하면 차트의 빨간색 부분으로 옮겼고, 그것은 아이의 부모에게 그 행동을 알리고 쉬는 시간에 벌을 받는 것과 같은 특정한 결과가 주어질 것임을 의미한다고 했다.

다음은 티나와 데브라가 나눈 대화의 한 부분이다.

티나: *그 시스템이 얼마나 효과가 있나요?*

교사: 대부분의 아이에게는 좋습니다. 하지만 반의 두 소년은 아니에요.

티나: 그래서 그 두 아이의 이름이 똑같이 대부분의 시간에 빨간색으로 끝나나요?

교사: 네. 한 소년의 이름표는 너무 많이 움직여져서 이름이 지워졌지요.

티나: 같은 패턴의 행동을 계속해서요?

교사: 물론이지요.

티나: 음, 그것만 놓고 보면 시스템이 효과적인 행동 관리 도구로써 제대로 작동하지 않는 것 같아요. 당신과 그 아이의 부모가 그 아이에게 하는 방식은 아이의 행동을 실제로 변화시키지 않습니다. 반 친구들은 어떤가요? 그 소년의 비협조적인 행동이 다른 아이에게 어떻게 영향을 미치나요?

교사: 친구들도 그 아이에게 짜증을 내요. 그 아이가 친구들의 공간을 침범하고, 집중해야 할 때 말을 거는 것에 짜증을 내요. 또 학급 활동을 중단해야 해서 싫어해요.

티나: 그래요. 내가 지금 듣고 있는 것을 다시 말해 볼게요. 또래들이 자신을 받아들이고 좋아하기를 바라는 욕구가 강한 시기임에도 불구하고 이 소년은 친구들로부터 부정적인 피드백을 받음에도 그러한 행동을 계속하고, 그래서 그의 부

모와 당신에게 부정적인 결과를 더 많이 받고 있다는 말인가요?

교사: 그게 내가 말하는 것이에요. 내 시스템을 다시 생각해봐야겠어요.

티나: 맞아요. 다시 말해, 그 아이는 왜 주변의 거의 모든 사람들로부터 그러한 부정적인 반응을 유도하는 행동을 계속할까요? 그게 자신에게 기분이 좋지 않은 것은 확실합니다. 아이는 보통 반복해서 곤란에 처하는 것, 그리고 또래들이 반복해서 자신을 싫어하는 걸 좋아하지 않습니다. 뭘 좀 물어볼게요. 만약 그 아이에게 난독증이 있다면 충분히 빨리 읽지 않는다고 아이의 이름표를 노란색 또는 빨간색 구역으로 옮기겠습니까?

교사: 물론 아니지요. 그건 어쩔 수 없겠지요.

티나: 그래요. 물론이지요. 왜냐하면 당신은 아이가 바람직한 행동을 의도적으로 회피하려고 하는 것이 아니라는 것을 알기 때문입니다. 아이가 자신에게 많은 문제를 일으키는 비생산적인 행동을 계속하는 것은 아마도 아이를 위한 선택은 아닐 것입니다. '할 수 없는 것'인데 '하지 않으려는 것'으로 취급받고 있는 건 아닐까요? 어쩌면 아이는 아직 자신을 다룰 다른 기술을 갖지 못했거나 발달하지 않은 상태일 수도

있겠지요. 만약 아이가 학습 장애를 겪고 있다면, 우리는 일반적으로 좀 더 많은 호기심과 관대한 시각으로 보고, 아이가 잘 성장하도록 하는 지원을 했을 것입니다. 우리는 아이 자신도 어찌할 수 없는 일에 대해서 결코 처벌하고 싶지 않아요.

교사: 만약 누군가 내 잘못이 아닌 어떤 일로 나에게 화를 낸다면, 특히 친구들 앞에서 계속 화를 내고, 내가 더 잘하려고 했지만 할 수 없었던 상황이라면 나도 싫을 겁니다.

티나: 바로 그겁니다. 그리고 이것은, 그 소년이 계속 교실의 규칙을 어기거나 산만한 행동을 하도록 내버려 두라는 의미는 아니에요. 당연히 그 행동은 교실 모두의 학습을 위해 해결되어야 합니다. 하지만 이러한 다른 시각은 현재 시스템이 왜 이 소년에게 효과가 없는지에 대한 더 나은 아이디어를 제공합니다. 그리고 더 많은 호기심과 그 아이가 어떤 처지에 있는지에 대한 더 깊은 이해를 통해서 당신은 단지 공감만 더 해주는 것이 아니라 더 선제적이고 효과적으로 훈육하는 데 도움이 되는 관점에서 그의 행동을 다룰 수 있습니다. 이 소년을 돕기 위해 대안적인 전략과 다소의 창의성과 인내심을 사용하면서 어느 정도 시행착오가 있을 수도 있습니다. 하지만 그 아이의 행동을 잘 살펴본다면 아이의 성장

을 위한 방법을 찾을 수 있을 겁니다.

이 대화는 학교 상황에 초점을 맞추었지만 '할 수 없다' 대 '하지 않으려 한다'의 차이를 잘 설명하고 있다.

만약 당신의 아이가 다르게 '행동할 수 없다면', 아이가 통제할 수 없는 것에 대해서 처벌받는 것에 대해서 어떻게 생각하는가?

때로는 '할 수 없다'는 것은 학습 장애 또는 감각 처리 장애 또는 만연한 발달 장애나 만성 수면 부족, 혹은 부모의 이혼이나 새로운 환경에 적응하는 것 등과 같은 근본적인 문제에 뿌리를 두고 있다.

이것은 아이가 성장하는 데 필요한 기술을 쌓을 수 없다는 것을 의미하지는 않는다. 그것은 단지 현재 환경이 요구하는 것이 아이의 현재 수용 능력을 초월한다는 의미다. 아이의 행동은 발달 상태에 따른 것일 수도 있으며 아이에게는 단지 더 많은 시간이 필요한 것일 수도 있다.

그렇다면 문제를 좀 더 쉽게 해결할 수 있을 것이다. 그러나 부모인 우리가 깊이 들어가 수면 아래에 무슨 일이 일어나고 있는지 잘 보지 않으면, 이것을 놓치기 쉽다.

관심 전략 2.
아이를 이해할 시간과 공간을 만들어라

 아이에게 실제로 관심을 보이고 알아가는 과정에서 핵심은 의도성이라는 점에 주목하라. 두 번째 제안도 마찬가지다.
 아이에게 관심을 보인다는 것은 대부분은 그저 온종일 주의를 기울이는 것이다. 이것이 바로 양육에서 전뇌적인(Whole-brain) 접근에 관한 가장 큰 부분이다. 아이에 대한 가르침이나 학습에서 중요한 일을 하기 위해, 크고 진지한 대화를 위해 기다릴 필요는 없다. 단지 함께 있어 주고 주의를 기울이는 것, 즉 현존하면 된다.
 당신이 온종일 주의를 기울이는 동안, 아이가 있는 그대로의 자신을 당신에게 보여줄 수 있게 하는 기회 또한 반드시 만들 수 있다. 확실히 아이가 시간을 보내는 동안 잘 관찰하거나, 또는 아이가 하루를 보내면서 관심을 가졌던 것에 대해 이야기하는 것을 듣는 것만으로도 모든 것을 배울 수 있다.

있는 그대로의 충만함 안에서
아이가 성장하도록

더 깊이 들어가게 하는 대화의 공간을 마련할 수도 있다. 그렇게 해서 아이에 대해 더 많이 배우고, 그러지 않았다면 모르고 지나쳤을 세세한 것들을 볼 수 있게 된다.

밤 시간은 아이와 더 깊은 곳으로 가는 금광이다. 하루가 끝날 무렵 집안이 조용해지고 몸이 노곤할 때, 산만함이 사라지고 방어가 무너지는 시간에는 생각과 기억, 두려움과 욕망을 더 쉽게 나눌 수 있는 무언가가 있다. 아이도 마찬가지다. 아이가 조용해지고 안정될 때 질문, 성찰, 궁금증, 그리고 아이디어가 떠오른다.

이때는 약간의 노력과 계획이 필요하다. 아이는 충분히 자야 한다. 이것은 아무리 강조해도 지나치지 않다. 그러므로 이상적으로는 취침 시간을 일찍 당기거나 아이가 동의할 때 이야기할 수 있도록 조용히 기다릴 수 있는 시간을 갖는 것이 좋다.

당신은 시간에 쫓기지 않을 때 아이와 함께 하루 중 있었던 세세한 일을 나누고, 실제와 상상의 세계에서 일어나는 일들을 더 잘 이해하는 데 도움이 되는 질문을 하고 싶을 수도 있다.

어떤 사람들은 이런 생각을 하고 있을 것이다.

"우리 아이는 생각하고 느끼고 있는 것을 자연스럽게 기꺼이 나누는 그런 아이가 아니에요."

알고 있다. 게다가 당신은 대화를 시작하는 방법을 항상 아는 것은 아니다.

"오늘 어땠어?"라고 물어보면 반드시 "좋았어요"라는 무서운 대답으로 이어지는 것 같다.

그렇게 물어보는 게 지겹지 않은가? 아이도 그런 말을 듣는 게 신물이 난다!

아이의 일상적인 취침 시간에 수다 시간을 더하는 것을 상상하는 것은 뭔가 중요한 이야기를 나누기 위해 당신과 아이가 나란히 누워 조용히 기다리는 유쾌하지 않은 이미지를 만들어 낼지도 모르겠다.

이러한 우려에 대해 몇 가지 대답이 있다.

무엇보다 먼저 매일 저녁 깜짝 놀랄 폭로를 듣거나, 무언가

대단히 깊고 의미 있는 말들을 나누는 시간이 아니라는 점을 명심하라.

이런 생각은 어른들 사이에서도 현실적이지 않고, 하물며 아이에게는 훨씬 비현실적이다. 더구나 그것이 목표가 아니다.

더 중요한 대화가 이루어질 때도 있겠지만, 그런 순간에도 궁극적인 목표는 단순하다. 아이와 현존하는 것.

즉 아이를 더 잘 알고 더 깊은 수준에서 이해할 수 있는 공간과 시간을 만들어, 아이가 있는 그대로의 충만함 안에서 성장하도록 돕는 것이다.

"오늘 어땠어?"라는 질문에 관해서 다시 말하자면, 이 질문이 당신의 특별한 아이로부터 세세한 이야기를 이끌어내기에 충분할 수도 있다.

어떤 부모는 아이가 취침 시간에 더 많은 이야기를 하게 내버려 두는 것을 싫어하기도 할 것이다.

그러나 만약 아이가 내면의 생각을 나누는 데 관심이 없다면, 좀 더 구체적인 질문을 할 필요가 있을 것이다. 그리고 아이에게 더 많은 관심을 보일수록 그것은 더 쉬워질 것이다.

아이와 더 의미 있는 이야기를 나누기 위해 많은 더 많은 방법들을 찾을 수 있다. 어떤 것들은 대화를 시작하는 노하우를 제안하고, 어떤 것들은 흥미로운 질문이나 함께 생각해 볼 주제들을 제공한다.

  진정으로 아이에게 관심을 보인다는 것은 아이가 어떤 상황에 처해 있는지, 그리고 아이의 마음이 어떤지 알아차리는 것이라는 점을 명심하라.

  침묵도 괜찮다. 함께 숨을 쉬며 그 자리에 있는 것만으로도 친밀해지고 연결될 수 있다. 억지로 대화해야 한다는 부담감을 느낄 필요는 없다.

  우리는 언제 무엇을 말할지, 대화를 시도할지 아니면 조용히 있게 둘지 정하는 것이 혼란스러울 수 있다는 것을 안다. 하지만 그것은 당신의 아이에게 정말로 관심을 보이는 것에 따라오는 또 하나의 멋진 일이다.

  시간을 들여 아이를 완전히 알게 되면, 언제 무엇을 말해야 할지, 언제 침묵하도록 두어야 할지 아는 것은 엄청 쉽다. 아이의 상상이나 그 어떤 것이라도 떠오를 수 있도록 몇 분간 시간과 공간을 허용하는 것은 매우 좋은 일이다.

  다시 말하지만 당신이 눈을 뜨고 보고 있는 것만으로도 더 많은 것을 보게 될 것이다. 아이에게 관심을 보이고 아이가 관심받고 있다고 느끼게 하는 데 도움이 되는 가장 좋은 방법 중 하나는 이러한 방식이 잘 자리 잡을 수 있는 공간과 시간을 많이 가지는 것이다.

> 부모의 자기 이해와 회복

아이를 존중하는 방식

인간에게 가장 필요한 것 중 하나는 연결이다. 그것은 관심을 받고 그에 따라 자신이 알려지는 것이다. 다른 사람에게 이해받을 때, 우리는 자신을 알게 되며 내적 경험 밖으로 나와 진정한 삶을 살 수 있게 된다.

당신은 인생에서 얼마나 관심을 받으며, 제대로 알려지고, 이해받고 있다고 느끼는가? 내면의 경험을 느낄 수 없거나 표현할 수 없을 때, 마음속에 아무도 없다고 느낄 때 우리는 쉽게 외로움을 느낀다. 어쩌면 우리 자신의 통찰에 접근하지 못하게 되고, 심지어 우리 자신을 깊이 알 수 있는 능력마저 줄어들게 된다. 당신의 양육자가 자신의 내면을 알아차리는 모범을 보여 주고 당신의 느낌과 경험에 (고압적이거나 침범하지 않고) 관심을 보이고 존중해 주었다면 아마도 당신은 관심받고 공감받는 것과 내면을 이해받는다는 것이 어떤 느낌인지 알고 있을 것이다. 또한 당신 자신과의 관계에 대해서도 마찬가지로 꽤 잘 알 수 있을 것이다. 그 결과 당신은 아이를 포함한 다른 사람들과의 관계에서 상대를 더 깊이 아는 방식으로 특정한 풍요를 즐기게 될 수 있을 것이다. 때로 일이 당신 뜻대로 풀리지 않을 때라도 말이다.

많은 사람들이 이런 장점을 가지고 있지는 않다. 대부분 거의 모든 관심을 외부적이고 표면적인 수준의 경험에 집중하는 가족들 안에서 자랐다.

무엇을 했고 어떻게 행동했고, 나쁜 행동을 했다거나 혹은 성취했는지에 관한 것들 말이다. 이런 가족들은 서로 재미있게 즐기고 함께 활동을 즐길 수는 있다. 하지만 내면에 있는 세상은 대부분 무시되기 마련이다. 저녁 식사 시간의 대화는 시사 문제, 애완견과 있었던 일, 이웃이 말한 것 또는 표면적인 주제로 이뤄진다. 물론 대화 주제로는 충분히 받아들일 수 있다. 하지만 느낌, 기억, 의미, 그리고 생각의 내적 경험(마음의 주관적이고 풍부하며 내적 본성과 같은)과는 단절되어 있다. 우정 또한 겉모습에 초점이 맞춰져 있을지도 모른다. 피상적인 주제에 대해 토론하지만 취약성, 생각, 느낌, 욕망 또는 두려움에 관해서는 거의 나누지 않는 관계를 가지는 경향이 있지만, 이때 우리가 진정으로 서로를 깊이 알아주는 의미 있는 우정을 가지고 있는 한 그것은 괜찮다.

사실 우리 자신, 중요한 다른 사람들, 아이, 그리고 가장 친한 친구들에 대한 깊은 이해 없이 표면적으로 대하는 수준은 종종 우리의 애착 인물에 의해 우리가 어떻게 관심을 받았거나 받지 못했는가와 관련이 있다.

앞에서 애착 연구에 대해 알아본 바와 같이 회피 애착 패턴에서는 관계와 느낌의 중요성이 묵살되거나 무시되거나 최소화된다는 것을 기억하라. 사실 생후 1년이 된 아기도 양육자와 잠시 떨어진 후 겉으로는 그가 필요하지 않은 것처럼 무시함으로써 회피 애착 적응 전략을 보여줄 수 있는 능력이 이미 있다. 아기는 두려울 수도 있고 슬퍼할 수도 있지만, 이미 자기가 그런 느낌과 욕구를 표현할 때 양육자가 적극적으로 응답해주지 않는다고 판단해버렸기 때문에 자신의 감정에 머무는 것을 배우는 대신 자신을 표현하기 위해 양육자에게 의지하는 것을 회피함으로써 적응한다.

1차 양육자에 대해 회피 애착을 가진 아이에게 다른 관계 경험을 하게 해주는 조치, 성찰, 또는 다른 관계가 없다면 그 아이 역시 외적인 문제에 주로 초점을 두는 성인으로 성장할 것이다. 그것은 자신의 상황에 대한 조직적이고 완전히 적응적인 반응이다. 만약 당신이 어떤 감정이나 욕구가 있는데, 당신의 양육자가 그것을 무시하거나 중요하지 않은 것으로 묵살하고 당신의 욕구에 대해 주의를 다른 데로 돌려버린다고 하자. 이때 당신은 자신의 감정(그리고 다른 모든 사람의 감정)을 중요하지 않은 것으로 내버리면서 세상에 대해 더 좌뇌 지배적인 접근 방식으로 살기 시작할 것이다. 이것은 매우 자연스러운 것이다. 당신이 관심을 받지 못했다면, 당신이 다른 사람의 마음에 맞추고 그러한 종류의 통찰을 얻게 해주는 회로는 완전히 발달하지 않을 것 같다. 결국 당신은 자신에게 관심을 보이는 것을 멈출 수 있다.

다음 각 질문 하나하나에 대답을 생각해 보면서 당신 자신과 당신의 대답, 내면에서 더 강한 반사적 반응을 불러일으키는 모든 추가적인 생각들을 곰곰이 성찰해 보길 바란다.

> **①** **우리가 여기서 분명히 밝힌 것처럼 당신은 부모로부터 어느 정도 진정으로 관심을 받았다고 느끼는가?** (예를 들면 당신의 부모는 당신의 내면을 깊이 인식한 다음 거기에 맞는 응답을 했다.)

② 당신은 현재 더 의미 있는 대화를 나누는 관계를 가지고 있는가? 그리고 당신의 기억, 두려움, 욕망, 당신 내면의 다른 측면 등과 관련된 문제들을 의논하는 관계를 가지고 있는가?

③ 아이와는 어떤가? 당신은 그의 내면세계를 안내하고 존중하는 방식으로 그들과 상호작용하는가?
당신 자신의 마음과 감정에 주의를 기울이는 것이 의미하는 바를 하나의 모델로써 보여주고 있는가?

④ 당신은 얼마나 자주 진정으로 아이에게 관심을 보이고 있다고 느끼는가? 아이가 당신과 다르더라도, 혹은 아이에 대한 당신의 욕망과 다르더라도 있는 그대로 진정으로 받아들인다고 아이가 느끼는가?

⑤ 당신의 아이가 자신의 감정을 가지고 있다는 것, 그리고 그것을 표현하는 것에 대해 수치심을 느낀 적이 있는가? 아이들은 괴로움을 느끼거나 최악의 행동을 할 때조차도 당신이 자신과 함께 있어 주고 당신이 거기에 있을 것이라고 믿는가?

⑥ 아이에게 진정으로 관심을 보이고 필요로 하는 것에 더 잘 응답하기 위해 지금 당장, 당신이 할 수 있는 한 가지 행동은 무엇인가?

THE POWER OF SHOWING UP

Chapter 5

진정

―

자신의 감정을 이해하고 조절하려면

"괜찮을 거야,
내가 항상 함께 있을게"

 맥스는 당신이 바로 사랑에 빠질 만한 그런 아이다. 곱슬곱슬한 검은 머리카락과 안경 뒤 커다란 갈색 눈을 가진 네 살짜리 맥스는 밝고 창의적이며 생명력이 넘친다. 그러나 아이의 유치원 선생은 맥스가 별로 마음에 들지 않았다. 실제 맥스는 매우 불안하고 충동 제어와 감정 조절에 어려움을 겪고 있었다.
 많은 교사들은 열정적이고 활동적인 소년들을 사랑한다. 그들이 도전을 강점으로 전환하는 데 성공하고, 때때로 어렵더라도 얼마나 재미있을 수 있는지에 기쁨을 느낀다. 그러나 그 선생은 안타깝게도 그렇지 못했다.

아이들의 사소한 '품행 불량'조차도 참지 못하는 구식 규율주의자인 그 선생은 맥스와 조화롭게 지내기 힘들었다.

어느 날 선생이 운동 시간이라고 말했을 때, 맥스는 엄마를 그린 그림에 색칠을 하느라 집중하고 있었다. 반 아이들이 밖으로 나가기 위해 줄을 섰을 때까지도 맥스는 계속 색칠하고 있었다. 선생이 다시 맥스를 불렀을 때 맥스는 다소 예의 바르지 않은 어조로 "잠깐만요!"라고 말했다.

선생은 대답했다. "맥스, 그런 식으로 말하는 게 아니야. 지금은 줄을 서는 시간이야."

맥스는 고개를 흔들며 그림 그리기에 바빴다. 선생의 다음 반응은 아이의 손에서 크레용을 빼앗는 것이었다. 그때 맥스는 선생을 향해 분노의 눈물을 흘리며 "제발, 선생님! 제발, 잠깐만 기다려 주세요!"라고 애원했다.

상황은 계속 악화되었다. 선생은 맥스의 그림에 손을 뻗었고 맥스는 선생의 손을 뿌리쳤다. 선생이 다시 손을 뻗었고 맥스가 그것을 막으려 했을 때 종이가 찢어져 버렸다. 그때 맥스는 폭발했고 선생의 다리를 때렸다.

"이건 우리 엄마야!" 맥스는 비명을 질렀다.

5분 후 상담 교사가 나타났을 때도 맥스는 교무실에서 여전히 씩씩거리며 울고 있었다. 상담 교사는 아이의 얼굴과 자세에서 즉시 분노를 볼 수 있었다.

상담 교사는 전에 맥스를 만난 적이 있고, 꽤 잘 알고 있었다. 또한 사회적, 정서적 발달에 대해서도 알고 있었다. 상담 교사는 맥스 옆에 앉아 어깨에 손을 얹었다.

"오, 친구야, 화가 많이 났구나. 무슨 일이 있었어?"

맥스의 반응은 조금 폭력적으로 보일지 모르지만 작은 아이 치고는 의외로 깊은 창의력과 통찰하는 모습도 보였다. 아이는 여전히 화가 난 채 말했다.

"나는 마법을 사용해서 선생님을 씨앗으로 만들 거야. 그런 다음에 나무가 될 때까지 기다릴 거야. 그런 다음 크게 자라면 잘라서 나무 자르는 기계에 넣을 거야. 그리고 나무 조각들을 가져다가 아스팔트와 섞은 다음 도로에 붓고 그다음 롤러로 눌러버릴 거야!"

상담 교사는 폭력에 초점을 맞춘 것에 대해 격려하는 것은 피하면서 맥스의 창의력을 악 대신 선을 위해 사용하도록 도와주고 싶었다. 그래서 맥스가 마음의 평정을 되찾고 그 상황을 다르게 다룰 수 있다는 것을 이해할 수 있게 진정시키는 데 시간을 보냈다.

몇 분 안에 그들은 평화롭고 생산적인 대화를 나눌 수 있었고, 맥스는 실제로 놀랄만한 통찰을 보여주었다. 화가 났던 그 순간 맥스는 뇌의 지성적인 부분에 접근할 수 없었던 것이다.

만약 맥스의 선생이 처음 상황에서 통제하거나 감독하는 대신 협력과 문제 해결을 돕는 도구로 진정시키기 요법을 사용하면서 아이가 편안해질 수 있도록 접근했더라면 어땠을까?

상황이 그렇게 악화되기 전 맥스에게 관심을 가지고 마음을 이해하려고 노력하고, 아이가 화를 낼 때 감정 조절에 도움이 필요하다는 것을 알아차렸더라면 어땠을까?

맥스는 겨우 네 살이었다.

만약에 맥스가 기다려 달라고 했을 때 아이의 말을 들어줬거나, '선제적 진정'을 시도했다면 어땠을까?

선생은 이렇게 말할 수도 있었을 것이다.

"이 그림이 중요한 것 같구나. 누구를 그린 거지?" 그런 다음에 이렇게 덧붙였을 것이다. "네가 엄마를 위해 뭔가 하는 것을 좋아한다는 걸 알아. 지금은 밖에 나가 운동할 시간이야, 그림을 완성할 수 있게 어디에 두면 안전할 것이라고 생각하니? 옳지, 내 책상 위에, 선생님의 다른 중요한 종이들과 함께 두면 어때? 우리가 밖에서 운동하는 동안 잘 지켜줄 거야. 그러고 나서 돌아오면 그림을 완성할 시간을 틀림없이 가질 수 있을 거야. 그러면 집에 가져가서 엄마를 기쁘게 할 수 있겠지."

만약 선생이 맥스의 행동뿐만 아니라 그의 내면에서 일어나고 있는 것에 마음을 열고 알아차리고 수용하는 마음을 유지하게 '현존' 했다면 아이를 진정시키는 연결이 형성될 수 있었을 것이다.

맥스는 홀로 있는 게 아니라 연결되어 있다고 느꼈을 것이다. 그때 아이와 선생은 하나의 활동에서 다른 활동으로 전환할 때 그의 감정을 진정시켜 줄 수 있는 '우리'가 될 수 있었을 것이다.

그러한 접근 방식이 만들어냈을 차이를 상상해 보라. 얼마나 많은 시간을 절약할 수 있었을지, 그것이 맥스의 뇌와 신경계에 어떤 영향을 주었을지 말이다.

아이와 연결되지 않는 방식으로 갈등을 처리할 때

실제로는 맥스와 연결되지 않는 방식으로 갈등을 처리했기 때문에, 맥스의 이러한 반사 반응은 전형적이었고 심지어는 예측 가능한 것이었다. 맥스는 계속 커지는 자신의 큰 감정에 압도되어 자신을 조절하고, 몸을 통제하고, 좋은 결정을 내리는 능력을 잃었다.

그 순간 선생이 맥스와 연결되지 않은 것은 당연했다. 선생은 진정시키겠다는 생각을 결코 할 수 없었고, 아이의 고통에 대해서도 전혀 공감할 수 없었을 것이다.

그리고 맥스는 아직 그의 선생님과 다른 어른들이 기대했던 방식으로 자신의 감정을 다룰 수 없었고, 그런 큰 감정을 진정시키는 데 어떤 도움도 받지 못했다.

이런 일들이 되풀이 되면 '내가 힘든 감정에 압도될 때, 아무도 나를 도와주려고 하지 않아. 나는 실제로 곤경에 처할 거야' 라는 교훈이 내면화될 것이다.

이러한 반복되는 상호작용은 실제로 종종 조절 장애와 불안의 빈도와 강도를 증가시킨다.

반면에 교사가 열린 알아차림과 수용적인 접근 방식으로 현존했다면, 맥스는 진정되고 맥스의 뇌는 새로운 모델을 새기기 시작할 수 있었을 것이다.

'내 감정이 커지고 통제할 수 없게 되면, 누군가 나를 위해 거기에 있고 내가 진정되고 좋은 결정을 내리도록 나를 도와 줄 거야.'

이러한 반복적인 상호작용은 일반적으로 조절 장애와 불안의 빈도와 강도를 감소시킬 것이다.

선생은 맥스가 진정되었을 때, 아이 스스로 힘든 행동을 다루고 인내와 충동 조절과 같은 기술을 익힐 수 있게 도울 수도 있었을 것이다. 그러나 먼저 맥스의 뇌가 행동에 반응하는 대신 진정시키는 도움이 필요했다. 그랬다면 그는 심지어 배워야 할 교훈을 들을 수도 있었다. 진정시키는 단순한 행동과 그것으로 이어질 연결이 맥스의 전체 궤도를 바꿀 수 있었다.

우리는 수년에 걸쳐 학교, 그리고 가족과 함께 한 작업에서 이런 경우를 몇 번이고 보았다. 어른들이 아이의 강렬한 반사 반응에 대한 응답으로 어른들의 행동을 바꿀 때, 아이의 행동이 바뀔 수 있다.

타냐는 행동적 접근법에서 관계 통합적인 접근법으로의 전환을 받아들인 텍사스의 한 학군과 작업했다. 조절이 안 되고 반사 반응적인 학생들은 조절이 안 되는 순간 공감, 연결, 위로, 지지 등을 받았을 때가 자신의 반사 반응에 대해 처벌을 받거나 방에 들어가서 스스로 진정시키라는 말을 들었을 때보다 더 빨리 진정되었다. 주목할 만하지만 놀라운 것은 아니다. 또한 이러한 진정시키기 접근 방식이, 시간이 지남에 따라 행동 폭발과 다른 징계 문제들의 길이, 강도, 그리고 빈도를 현저히 감소시키기 시작했다.

이해가 되는가? 만약 당신이 아이이고(혹은 어른이라도), 반사 반응적인 감정과 신경 생리에 사로잡혀 있고, 당신이 어쩔 수 없는 일로 결국 곤경에 처할 것이라고 알고 있다면 고통, 분노, 두려움, 불안이 더 증가할 것이다.

그것은 상당히 압도적일 것이다. 그와 반대로 마음이 상할 때 도움을 받을 수 있다는 사실을 안다면 신경계가 고조될 필요가 없다. 자신이 강한 감정을 경험하고 있다는 것을 알아차리기 때문에 당신의 두려움과 불안(더 큰 감정)과 같은 큰 감정들이 일어날 때 학습된 피드백 순환 고리를 피할 수 있다.

양육자가 아이에게 다음과 같은 메시지를 줄 때 아이의 마음에서는 부정적 피드백 순환 고리가 생겨날 수 있다.

'만약 네가 압도되고 통제할 수 없는 상황에 처한 것을 발견하면, 너는 처벌을 받게 될 거야.'

이러한 메시지 대신 아이에게 다음과 같은 일관된 지지의 메시지를 줄 수 있다.

'만약 네가 압도되고 통제할 수 없는 상황에 처한다면, 내가 너를 도와줄 거야. 그리고 내가 너와 함께 진정시킬 거야. 네가 지금 당장 원하는 걸 얻지 못할 수도 있지만, 괜찮을 거야. 내가 너를 위해 여기 있을게.'

진정시키기는 연결에서 온다. 그리고 연결은 우리의 현존에서 온다. 그것이 우리가 진정시키기 위해 함께 있어 주는 방법이다.

자신의 감정을 조절하는
아이로 키우고 싶다면

우리는 이전 장에서 아이가 안전하고 관심받는다고 느낄 때, 그것이 아이의 삶에 어떤 차이를 만들 수 있는지 이야기했다.

당신은 맥스의 이야기를 통해서 아이와 현존하지 않을 때 일어날 수 있는 문제는 물론이고, 아이가 확실히 위안받는다고 느낄 때의 힘을 보았다. 아이가 고통스러울 때, (아이가 정서적으로 고통을 받거나 신경계가 싸움, 도망, 얼어붙기나 기절하게 만들 때) 그 부정적인 상태는 아이를 위해 함께 있어 주는 양육자와의 상호 작용에 의해 전환될 수 있다.

아이는 여전히 고통을 겪을 수도 있지만 적어도 고통 속에서 혼자 있지는 않을 것이다. 부모가 함께하는 경험을 통해 아이는 조율되고 돌봄을 받는다고 느낄 것이다. 과학적 관점에서 고통과 괴로움 속에서도 함께 있다는 경험은 아이가 혼자 있는 불편함 속에 있을 때조차도 더 큰 전체의 일부로 있다는 경험을 하게 한다.

그러한 결합 방식, 즉 누군가가 자신의 괴로움을 알아주고 그래서 편안해지고 연결되는 대인관계 경험은 고통을 치유하고 괴로움을 줄이고 회복탄력성을 개발하는 많은 내면 작동을 가능하게 하는 신뢰를 만들어낸다. 상호 진정은 개인적인 내면의 진정시키기로 가는 관문이다.

다르게 말하면 상호 진정을 반복해서 경험하면 아이가 필요할 때 자신을 진정시킬 수 있는 능력을 내면화할 수 있다. 아이가 상처를 입었을 때 누군가가 계속해서 자신과 함께 있어 준다는 사실을 경험을 통해 알게 되면 아이는 자기 내면의 자아와 함께 있어 주는 방법을 배우게 될 것이다. 자신의 감정을 더 자율적으로 진정시키고 조절할 수 있는 능력을 발달시킬 것이다. 이제 양육자는 진정시키기를 통해 아이에게 내면의 진정을 위한 신경 회로를 구축하게 할 수 있다.

우리 자신을 진정시킬 수 있는 내적 능력을 개발한다면 그 영향은 엄청나다. 아이가 분노, 좌절, 실망 또는 불안 속에서 스스로 진정시킬 때, 그것은 그의 전전두피질인 위층 뇌가 성장하고 발달했다는 증거다. 위층 뇌는 무엇을 담당할까? 우리가 아이들에게서 발달하기를 가장 바라는 몇 가지 기술과 능력이다.

모든 것은 진정시키기로 시작된다

> **아이를 진정시키면 위층 뇌의 개발을 돕고, 위층 뇌의 고도화된 기능을 더욱 촉진한다.**
> - 온전한 의사 결정과 계획
> - 감정과 신체 조절
> - 유연성과 적응성
> - 공감
> - 자기이해
> - 도덕성

우리가 연결과 관계를 통해 아이들을 진정시키고 이를 통해 아이들이 자신의 내면을 진정시키는 것을 배울 때, 아이들은 스트레스를 많이 받는 상황에서 침착함을 유지할 수 있게 도와주는 도구만 갖게 되는 것이 아니다. 아이들은 신경가소성의 힘을 통해 훨씬 더 큰 회복탄력성을 발달시킬 뿐만 아니라 더 충만하고 행복한 삶을 살 수 있게 해주는 변화를 그들 뇌 안에서 만들고 있는 것이다.

이 책에서 '자기 진정시키기'나 과학적인 용어인 '자기 조절'과 같은 일반적인 용어를 사용하고 있지 않다는 것을 알아차릴 수도 있을 것이다. 대신 '자아(self)'의 경험은 내면적 측면과 상호적 측면을 모두 가지고 있음을 강조하고 있다.

이런 식으로 '자아(self)'는 우리 안, 우리 몸과 뇌 안에 있으며 우리들 사이, 그리고 우리 내면의 자아와 우리 주변 세계 사이에 있다. 즉 부모나 동료, 아니면 애완동물이나 지구, 그 사이가 무엇이든 가장 중요한 것은 우리의 연결에 관한 것이다.

우리는 밖으로 나가 신선한 공기를 마시고 자연으로 나가고, 개를 쓰다듬고 조깅이나 수영을 하면서 '상호 진정'을 발견할 수 있다. 이것이 우리의 '자아(self)'가 다른 사람들 그리고 이 행성과 상호 연결되는 방법이다. 부모가 아이에게 이러한 '상호적인' 측면에 대해 가르치는 것은 단순히 그들의 내적이고 육체에 기반한 자아보다는 '더 많은 무언가'에 연결되는 그들의 중요한 관계 감각을 심어준다.

앞으로 보게 되겠지만, 이러한 관계 감각은 고립된 젊은이에게 현대 사회가 강조하는 '나 중심적인' 견해보다 훨씬 더 큰 세상에 속한다는 깊은 감각을 선물로 준다. 이것은 부모 자신의 현존이 아이에게 부모와 아이 두 사람을 의미하는 '우리'의 일부가 되는 경험을 하게 하는 방법이다. 아이는 내면의 자아뿐만 아니라 혼자의 자아보다 더 큰 관계적인 자아로서 정체성을 가진 어떤 것에 대한 소속감을 발달시킨다.

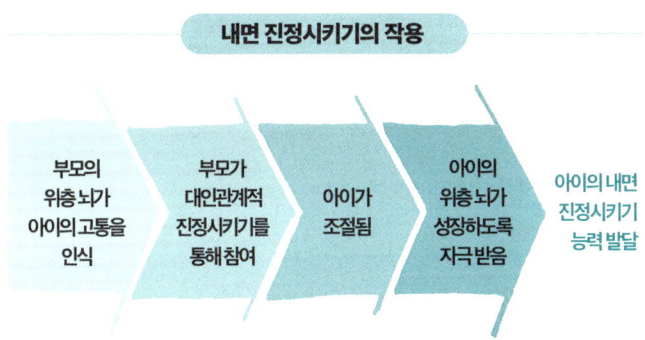

또한 아이의 위층 뇌에 이러한 변화를 일으킨 상호작용의 결합 경험으로 인해, 당신은 부모로서 훨씬 더 쉬워질 것이다.

그 이유를 알고 싶으면, 위층 뇌의 기능을 나열한 앞 페이지의 글(목록)을 보라. 아이가 이러한 다양한 기술을 일상에서 구사하는 개인으로 성장한다고 상상해 보라. 장기적으로 그들은 더 나은 관계, 더 명확한 자기이해, 성공, 그리고 폭넓고 전반적인 행복의 형태로 보상을 얻을 것이다.

그리고 단기적으로는 당신들 두 사람은 더 조화로운 부모-자녀 관계를 누릴 것이다. 왜냐하면 아이들이 결정을 내리고 행동을 조절하고 다른 사람을 생각해 주고 자신을 이해하고 더 도덕적이고 윤리적 방식으로 행동할 것이기 때문이다.

이 모든 것은 진정시키기로부터 시작된다. 당신과 당신의 아이가 한 쌍으로 연결되면 더 많은 연결이 일어나면서 함께 평온을 만들 수 있다.

아이들이 마음과 감정을 조절할 수 있는 내면 자기 조절을 목표로 삼아야 한다. 하지만 우리는 그 과정에서 인내심을 가져야 한다. 발달에는 시간이 걸린다.

이는 아이들이 스스로 할 수 있을 때까지는 공동 조절해야 한다는 의미이다. 위층의 뇌는 20대 중반까지도 완전히 발달하지 않는다. 유년기와 청소년기를 거쳐 심지어 성인기까지!

그래서 아이들이 화가 났을 때 그들을 진정시키고 마음을 가라앉히기 위해 우리가 필요할 때가 있을 것이다. 아이들과 청소년들이 어떤 결정에 따라오는 파급 효과, 그리고 위험을 고려할 때 우리의 조언이 필요할 수 있는 것처럼 정서적인 조절과 함께 우리의 지원이 필요할 수 있다.

진정시키기와 그린 존

  진정시키기의 실제 작동방식을 이해하는 가장 좋은 방법 중 하나는 아이의 감정 강도를 나타내는 영역에 대해 생각하는 것이다.

  우리는 이 모델을 『예스 브레인』이라는 책에서 자세히 설명했다. 아이들은 정상적인 상황에서는 그린 존(Green Zone)에 있기를 원한다. 그들은 상황이 조금 어려울 때도 그곳에서 자신이 안전하고 통제할 수 있다고 느끼면서 스스로를 잘 다룰 수 있다.

  그러나 분노나 두려움, 또는 스스로 통제할 수 없게 만드는 내면의 혼란 같은 불편한 감정 때문에 너무 흥분할 때에는 신경계가 상황을 더 흥분시키는 레드 존(Red Zone)으로 들어간다. 또는 큰 감정이 그들을 강제하여 정지시키거나 얼어붙게 하거나 숨게 하면, 신경계가 상황을 더 침잠시키는 블루 존(Blue Zone)으로 들어간다.

```
RED ZONE
GREEN ZONE
BLUE ZONE
```

아이들이 그린 존을 떠나 통제력을 잃고 혼란스러운 레드 존, 혹은 정지되는 블루 존으로 들어가면 조절 장애가 된다. 우리는 이 상태를 '뚜껑이 열린 상태'라고 부를 수 있다. 사려 깊고 자아를 조절하는 위층 뇌인 전두엽피질이, 그것을 가로채는 반사 반응적인 하층 뇌와 단절되기 때문이다.

이러한 단절은 그 순간 뇌가 더 이상 통합되지 않는 방식의 기본 원리다. 즉 분리된 부분에 대한 연결은 일시적으로 중단

된다. 그런 붕괴된 상태에서 아이들이 통합의 조화로 다시 돌아가고 그들의 감정, 신체, 그리고 결정에 대한 통제력을 되찾을 수 있도록 누군가, 즉 당신이 개입하여 '공동' 조절을 할 필요가 있다.

예를 들어 당신의 아기가 아주 엉뚱해 보이는 어떤 것에 대해 '뚜껑이 열려' 완전히 레드 존으로 들어갔다고 상상해 보라.

아이가 냉장고에 기어 올라가서 불이 꺼지는지 확인할 수 있게 당신이 문을 닫아 주기를 원한다고 하자. 그러면 당신은 문이 닫히면 불이 꺼지는 스위치를 보여주지만, 아이는 안에서 그것을 보고 싶다고 계속 고집한다. 당신이 아이의 요구를 허용하지 않고, 한계를 정하면서 공감해 주었음에도 불구하고 점점 더 흥분하고 자제력을 잃기 시작한다. (당신이 유아에 대해 안다면, 이 시나리오가 너무 과도하지 않다는 것을 알 것이다!)

부모들이 자주 듣는 고전적이고 오래된 충고는, 아이들의 떼씀을 무시하라는 것이다. 우리는 그것에 주의를 기울이지 말라고 들었다. 그러지 않으면 아기들은 당신이 안 된다고 할 때마다 자기가 원하는 것을 얻기 위한 도구로 그런 떼씀을 사용할 수 있다. 물론 당신은 아이가 단지 발작을 일으킨다고 해서 당신이 설정한 한계를 넘거나 위험한 일을 하도록 허용하는 것을 피하고 싶어 한다.

그러나 사실 특히 어린 아이들에게 있어서 성질을 부리는 것은 종종 아이가 정말로 자신을 통제할 수 없는 순간이라는 것이다. 항상 그런 것은 아니지만, 많은 경우 자신을 '통제하지 않는' 것이라기보다는 '통제할 수 없는' 것일 수도 있다. 그리고 일단 아이가 화가 났을 때 통제력을 되찾지 못한다면, 떼씀을 무시하는 것이 가능하겠는가? 그 순간 아이는 통제력을 되찾기 위해서 당신을 필요로 할지도 모른다.

상호 조절이 내면 조절로 이어진다는 것을 기억하라. 이런 식으로 공동 조절의 상호작용은 아이의 뇌 성장을 이끈다. 이는 내면 상태를 조절하기 위해 더 많은 자율적 능력의 발달을 필요로 한다. 세 영역 측면에서 아이들이 블루 존 또는 레드 존에 있을 때 그들과 연결하고 그린 존으로 다시 돌아가도록 돕는 것은 미래에 그들 스스로 이를 수행하는 방법을 가르치는 것이다.

양육에서 이러한 식으로 접근하면 지금은 그린 존 상태를 조성하고 미래에는 회복탄력성을 위한 조절 회로를 개발하는 두 마리 토끼를 잡는 데에 초점을 맞추는 것이 된다. 그것이 바로 우리가 아이들에게 단지 그 순간 행동을 통제하는 것뿐만 아니라 기술을 익히도록 돕는 방법이다.

게다가 아이가 자기 뇌와 몸에서 나오는 스트레스 호르몬과 위협 신호가 급증하여 정말로 자신을 통제할 수 없든(아래층 뇌가 주도권을 잡는 떼씀), 혹은 자신을 통제할 수는 있지만 그가 원하는 것을 얻기를 바라며 울고 날뛰는 것을 선택하든(위층 떼씀) 상관없이 우리의 반응은 같을 수 있다.

한계를 유지하되 먼저 연결하고 방향을 바꾸라

한계를 유지하되 그 결과로 발생하는 감정과 반사 반응을 지원하고 진정시키면서 그렇게 하라. 이것은 많은 부모들이 종종 놓치는 점이다. 우리는 정말로 아이들과 그들의 감정에 대해 '부드러우면서도' 행동과 기대에 대해 확고한 한계를 유지할 수 있다. 아이들과 그들의 감정을 포기하거나 무시하는 것은 우리의 유일한 선택이 아니다! 먼저 연결하고 그런 다음 다시 방향을 돌릴 수 있다.

다시 말하지만 당신 딸이 냉장고에 올라가 들어갈 수 있도록 냉장고 야채 보관실과 우유와 딸기를 치우라는 의미가 아니다. 단지 아이를 진정시키고, 정신을 차려 그린 존에 다시 들어갈 수 있도록 공동 조절하기 위해 당신이 필요하다는 의미이다.

이런 식으로 연결함으로써 아이는 다시 그린 존으로 이동할 수 있다. 아이는 조절이 잘 되지 않았고 그런 뒤에 당신의 도움으로 다시 조절로 되돌아가는 경험을 했을 것이다. 그리고 그런 경험을 할 때마다 아이는 발달하고, 뇌는 점점 더 강해지도록 연결되어 당신이 함께 있지 않을 때에도 더 자동적으로 자기 조절을 할 수 있을 것이다. 이러한 공동 조절의 상호작용은 아이의 뇌에 통합, 즉 내면 조절 기술과 회복탄력성 발달의 기초를 구축한다.

잘못된 행동에 대해서도 마찬가지이다. 당신의 아홉 살 난 아들이 여동생에게 화가 나서 동생의 새 장난감을 벽에 던져 부수었다고 해보자. 아이가 완전히 걷잡을 수 없이 화를 내며 통곡하고 있는 상황이기 때문에, 그때는 개인의 물건을 존중해야 한다거나 여동생에게 사과하는 것에 대해 말하는 것이 효과적이지 않은 때이다. 그런 반사 반응적인 상태에서는 당신 말을 듣거나 그런 정보를 처리하지도 못할 것이다. 그리고 여동생에게 공감을 느끼지도 않는다. 사실 아이는 동생의 모든 것을 망가뜨리기를 바랐다!

방향을 바꿀 시간이 있겠지만, 우선은 연결하라. 당신의 첫 반응이 진정시키는 것이면, 그가 진정하는 데 도움이 될 것이다. 그런 다음 그가 그린 존으로 돌아오면 그의 행동을 다르게 바꾸고 여동생과 문제를 바로잡는 것에 대해 이야기하거나 혹은 어쩌면 용돈을 절약해서 장난감을 새것으로 바꿀 수 있을 것이다. 또한 아이가 필요한 기술을 쌓도록 하기 위해 함께 훨씬 더 효과적으로 작업하고 다음에 분노를 처리할 더 나은 전략을 찾도록 도울 수 있다.

> 떼씀을 무시하는 대신…
> 아이를 달래고 그린 존에 다시 들어가도록 도와주라.

> 내가 너를 냉장고에 들어가게 해주지 않아서 화가 났고 슬픈가 보구나, 알아. 하지만 안전하지 않아. 나는 너를 안전하게 지켜주려고 해. 네가 화가 났을 때 내가 필요하다면 바로 여기에 있을 거야.

> 연결하고 방향을 바꾸라.
> 그들이 그린 존으로 돌아갈 수 있도록 도와주면서 먼저 연결하라. 그런 다음 방향을 바꾸라.
> 미안해.

우리는 이 '연결하고 방향 바꾸기' 과정이 더 쉬운 것처럼 말하려는 것이 아니다. 아이들이 레드 존으로 들어가거나, 도망가 숨어서 당신과 대화나 상호작용을 하기 싫어하는 블루 존에 들어가면 힘들 수 있다.

하지만 만약 당신이 훈육을 시작하기 전에 먼저 화가 난 아이가 진정되도록 도울 수 있다면, 다음에 상황을 처리하는 더 나은 방법을 가르치는 데 훨씬 더 성공할 것이다. 그리고 당연하겠지만 때때로 당신의 노력이 아이가 그린 존으로 돌아가도록 돕는 데 즉각 또는 확실히 성공적이지 않을 수도 있다.

진정하고 신경계를 자리 잡게 하는 데는 시간이 걸릴 수 있다. 그럴 경우, 아이가 정서적 고통 가운데 혼자가 아니라는 것을 알도록 당신은 그저 현존하고 가까이 머물러 있고 아이가 스스로 진정할 수 없다면 도움을 제공할 수 있다.

감지하고 이해하고 응답하라

 연결의 세 요소를 기억하라. 감지하고, 이해하고, 응답하라. 이 응답에는 특히 돌보고 공감하는 어조로 말을 전할 때 분명히 효과가 있을 수 있다.
 "정말 아플 거야, 그렇지?" 또는 "내가 여기 있다. 내가 여기 있어"라는 말을 들으면 확연하게 차분해지고 진정될 수 있다. 효과 있고, 확신을 주고, 분명하게 표현하는 공감은 모두 아이(또는 청소년 또는 성인)를 진정시키는 데 도움이 되는 단어를 사용하는 강력한 방법이다.
 그러나 진정시키기 과정의 대부분은 비언어적으로 진행된다. 목소리 톤이 만들 수 있은 차이를 생각해 보라.

이러한 교훈은 아이들이 나이가 들어도 적용된다. 당신이 아이가 한 일에 대면하는 순간 아이가 화를 내고 방어적인 상태에서 당신에게 공격하는 반응을 할 때, 아이가 반사 반응과 좌절하는 레드 존으로 더 나아갈지 아니면 다시 차분함과 조절이라는 그린 존으로 되돌아갈지 결정하는 데에 영향을 줄 수 있는 것은 당신의 말투다.

　당신이 아이의 말을 듣고 있다는 느낌을 줄 수 있다면-애야, 이해하겠어. 내가 너의 말을 먼저 듣지 않고 너를 비난하는 것처럼 느꼈구나 - 당신은 당면한 문제에 대한 교육과 기술 습득에 훨씬 더 집중할 수 있고, 아이가 비난할 때 인신공격을 덜 할 수 있다.

　다른 비언어적 신호들-얼굴표정, 눈맞춤, 목소리 톤, 자세, 반응의 타이밍, 그리고 강도 등-은 모두 격렬한 감정을 진정시킬 수 있는 엄청난 잠재력을 제공한다. 이러한 비언어적 신호는 서로를 연결하는 핵심적인 방법이다. 아무 말도 하지 않더라도 어떻게 아이에게 다가갈 수 있는지에 주의를 기울여라.

　접촉의 힘은 특히 진정시키기를 필요로 하는 상황에서 영향이 클 수 있다. 그러나 다시 말하지만 아이에게 조율하고 개인으로서 있는 그대로 그들에게 무엇이 필요한지 결정하라. 어떤 아이들은 촉감에서 진정시키기를 전혀 느끼지 못할 수도 있다. 하지만 대부분의 아이는 등을 가볍게 두드리거나 문지르거나 손을 잡고 흔들면 그린 존으로 돌아가는 데 큰 도움이 된다.

비언어적 신호로
당신이 전하고자 하는 것은 무엇인가?

아이들을 안아주는 것은 태어나는 순간부터 그들이 고통을 겪을 때 놀라운 일을 할 수 있다. 최근의 한 연구는 영아가 받는 편안함과 신체적 접촉의 양은 그들의 현재의 감정 상태뿐만 아니라 실제 몸의 분자에 기억되어 영향을 미친다는 것을 발견했다. 연구자들은 유아 시절에 일반적인 양보다 더 많은 고통을 경험했고, 진정시키는 신체 접촉 반응을 덜 받은 네 살짜리 아이들을 조사했다. 결과는 4년 후 이 아이들이 생물학적 발달 면에서 또래들보다 뒤처져 있다는 것을 보여 주었다. 뿐만 아니라 이러한 부정적인 영향이 실제로 아이들의 생화학을 변화시키고 유전자 발현에 영향을 미칠 수 있다는 것을 발견했다. 이것은 유전자가 '후성적' 조절이라고 불리는 방식으로 활성화되는 것을 말한다. 다른 연구에 따르면 입원한 아기들을 안아주면 훨씬 빨리 치유되고 발달한다는 것을 보여준다.

이러한 '캥거루 케어'와 같은 피부 대 피부 접촉은 말 그대로 진정시킬 뿐만 아니라 발달을 육성한다. 게다가 신경과학자 제임스 코안(James Coan)은 충격을 예상하고 받은 사람은 애착 인물(낭만적인 파트너)이 단순히 손을 잡아주었을 때 덜 불안하고 심지어 육체적인 고통까지도 덜 하다는 것을 증명하는 실험을 했다.

아이가 나이를 먹어갈 때에도 개인적인 취향을 존중하면서 행하는 적절한 신체적 애정은 부모의 믿을 만한 강력한 도구로 남아 있어야 한다. 티나의 열두 살짜리 아들은 키가 크고 몸무게가 엄마보다 더 많이 나가기 때문에 아이가 화가 났을 때 그를 잡고 안을 수 있는 방법이 없다. (해롭지는 않더라도 그녀의 시도를 보면 재미있을 것이다.) 그러나 아이를 껴안거나 옆에 앉아 등을 쓰다듬으면서 팔을 감싸는 것은 여전히 중요한 방법으로 효과가 있다. 그녀의 십대 아이들 중 한 명도 마찬가지지만 또 다른 한 명에게는 그렇지 않다.

한 아이는 접촉과 포옹을 환영하지만, 다른 한 아이는 화가 나면 그냥 가까이 앉아 팔에 손을 얹거나 가능하면 어깨에 팔을 두르는 것이 좋다는 것을 안다. 각각의 아이들에게 가능한 개별적으로 접근하고, 그 특정한 순간에 필요한 것을 제공하길 바란다.

또한 진정되기 위해서 다른 S들도 얼마나 많이 작동하기 시작하는지 주목하라. 감정의 격렬한 폭풍을 공동 조절하고 진정시키는 데 도움을 주기 위해서는 아이들이 관심받고 이해받는다고 느끼게 해주어야 한다. 그리고 아이들이 우리에게 의지할 때 먼저 안전하다고 느끼지 않는 한 그런 일이 일어날 수 없다.

관대한 양육이라는 오해에 대해

아이가 안심하고 안정을 느낄 수 있는 데 도움이 되는 몇 가지 실용적인 제안을 하기 전, 중요한 한 가지를 다시 한번 반복하겠다. 우리는 아이들이 원하는 모든 것을 주라고 말하는 것이 아니다. 힘든 시간을 보내고 있는 아이들을 진정시키는 것에 관해 이야기할 때, 심지어 분명히 도전적인 행동으로 드러날 때조차도 부모들은 종종 우리가 한계를 거의 두지 않고 아이들이 집안을 장악하도록 내버려 두는 관대한 양육을 장려하고 있다고 가정한다. 그러나 우리가 말하는 것은 그게 아니다.

우리가 쓴 다른 책들을 읽어 보았다면 우리가 아이를 위한 분명하고 확고한 한계를 설정하고, 심지어 아이에 대해 높은 기대를, 특히 아이 자신과 다른 사람들을 존중하는 것에 관해 크게 기대하고 있다는 것을 알 것이다.

아이에게는 한계가 필요하다는 오래된 이야기는 정확히 맞는 말이다. 규칙과 한계가 없는 세상은 무서운 혼돈의 세계다. 아이는 자신들에게 기대하는 것이 무엇인지 알아야 한다. 그는 무엇을 해도 되는지, 무엇은 하면 안 되는지 알아야 한다. 이것은 그가 세상을 예측가능하고 안전하다고 느끼는 데 도움이 된다.

게다가 아이는 '안 돼(No)'라는 말을 듣는 것을 내면화하고 거기에 익숙해져야 한다. 이를 통해 브레이크를 밟고 스스로 멈추는 연습을 하게 한다. 결국 세상은 그에게 항상 괜찮다고 말하지는 않을 것이다. 그리고 상당히 심각한 자연적 결과가 아니고는 아이가 원할 때마다 원하는 대로 모든 것을 할 수는 없다.

당신이 특정한 행동에 대해 '안 돼'라고 말하고 있더라도 아이를 있는 그대로의 존재로, 그리고 아이가 느끼고 있는 것에 대해서 '예스'라고 말할 수 있다. 한계를 정하는 것은 당연하다. 이것은 아이에게 있는 그대로의 존재로서 '예스'라고 말하는 것이 식당에서 아이가 음식을 던지도록 놔두라는 의미가 아니다.

남동생을 때릴 때, 혹은 당신에게 무례하게 말할 때, 마음대로 하도록 내버려 두어야 한다는 의미가 아니다. 이는 당신이 무례한 행동을 다룰 때조차도 관계를 진중하게 여기고 있다는 것을 의미하는 것이다. 한계를 정하는 것은 아이를 사랑하는 한 부분이다. 그러나 그 행동에 대해서가 아니라 아이에 대한 사랑과 수용을 전달하는 방식으로 그렇게 할 수 있다.

예를 들어, 어느 날 밤 일곱 살 난 아이의 형이 친구들을 데려왔기 때문에 그 아이를 늦게까지 자지 않게 두었다고 해보자. 아이는 잘 시간이 되었을 때, 울면서 자러 가지 않겠다고 저항한다. 당신은 좌절감에서 엄하게 대응하고 싶은 유혹에 빠질 수도 있다.

"시간을 더 주었잖아! 무엇 때문에 우는데? 30분만 더 놀게 해달라고 했잖아. 이제 자거라." 심지어 한술 더 떠서 "네가 그렇게 난리를 치고 있으면 다음에는 시간을 더 주지 않을 거야"와 같은 말을 던질 수도 있다.

실제로 모든 부모들은 분노의 순간에 비슷한 말을 내뱉는다. 우리는 모두 짜증이 나면 원하지 않는 방식으로 상황을 처리한다. (그리고 이웃들이 듣지 않기를 바란다!) 그러나 짜증 내는 반응은 아이가 안정을 되찾도록 돕는 데 실패할 뿐만 아니라 – 아이는 아마도 레드 존으로 더 나아가게 될 것이다 – 그 순간의 주된 목표인 때맞춰 잠자리에 들게 하는 데에도 전혀 효과가 없다.

아이는 이제 더 심하게 울 것이다. 이것은 잠들기까지 시간이 훨씬 더 오래 걸리게 될 거란 뜻이다. 게다가 취침 시간을 가지고 다투는 일은 종종 부모들을 레드 존으로 보내기도 한다.

"자라!"고 고함치는 것은 아이러니하지 않은가? 마치 누군가 화가 나서 당신이 자야 한다고 소리 지르면 그렇게 될 것처럼. 부모가 얼마나 자주, 반사적으로 끊임없이 비생산적인 결과를 초래하는 방식으로 행동하는지는 정말 아이러니하다. 우리는 종종 우리의 목표에 반하는 일을 한다.

아이를 진정시키는 응답

명령하고 강요하는 대신…
네가 30분만 더 놀게 해달라고 했잖아. 이제 자라.
그리고 그냥 굴복하는 대신에…
좋아! 울 거면 그냥 일어나서 지칠 때까지 해보라고!

> 한계를 강조하되 진정시켜라.
> 다른 형들이 아직 자지 않고 있는데 자러 가야 하는 게 힘들다는 거 나도 알아. 내가 이불을 덮어 줄게. 그리고 네가 머지않아 친구를 초대할 수 있는 때에 대해 이야기해 볼까?

    이와는 대조적으로 진정시키는 응답은 더 자상하고 연민적일 뿐만 아니라, 실제로 더 효과적이다. 이것은 당신이 아들과 한 약속을 유지할 수 있게 해줄 것이지만, 그의 느낌을 인정하고 그가 잠들 수 있도록 그를 진정시키는 데 도움이 되는 방식으로 할 수 있다.

    그래서 당신은 이렇게 말할 수도 있을 것이다.

    "나는 네가 얼마나 실망했는지 알겠어. 넌 이 시간을 놓치고 싶지 않지. 다른 형들이 아직 자지 않고 있는데 자러 가야 하는 게 힘들다는 거 알아. 그게 힘든 거지?" 그리고 나서 당신은 잠시 멈췄다가 이렇게 말할 것이다. "실망스러운 건 좋은 기분이 아니지, 나도 알아. 내가 이불을 덮어 줄게, 그리고 네가 머지않아 친구를 초대할 수 있는 때에 대해 이야기해 볼까?"

    이것이 상황에 따라 한계와 체계를 존중하면서도 연민으로 가득 찬 응답이다.

　당신 자신과 아이를 있는 그대로 고려해서 정확히 느낄 수 있는 말을 골라야 할 것이다. 당신의 어조와 비언어적 의사소통에서 반드시 공감을 표시하고, 설교하려 하거나 너무 많은 단어를 사용하지 않도록 하라.

　단지 현존하고, 잠시 멈추고, 짧게 공감하는 몇 마디 문구를 말하는 것이 설교나 과장하는 것보다 일반적으로 더 효과적이다. 그 순간을 진정시키는 데는 무수히 많은 방법이 있다; 요점은 마음을 진정시키면서도 한계를 유지하는 것이 가능하다는 것이다. 포기하지 않으면서도 여전히 아이를 위해 정서적으로 함께 있을 수 있다.

　또 다른 말하기 방식은 아이와의 관계 유지를 우선으로 원하는 것이다. 대부분의 다른 것들은 그것이 행동에 관한 것일 때 뒷전으로 밀릴 수 있다. 당신이 가르칠 필요가 있는 교훈을 가르치되, 관계를 중시하고 우선시하는 방식으로 하라.

진정 전략 1.
스스로 진정할 수 있는
도구를 개발하기

이 장 시작 부분에서 말했듯이 아이가 고통받을 때 '상황에 따른 응답'을 하는데 이때 우리의 주된 목표 중 하나는 아이가 더 자율적으로 내면의 자기를 진정시키는 능력을 발달시키도록 하는 것이다.

아이가 자제력을 잃고 혼란에 빠져 있거나, 게임에서 진 후 삐쳐 있거나, 학교에서 무언가에 대한 불안감을 경험할 때, 진정시키고 그린 존으로 가게 하기 위해 부모는 함께 작업하는 상호적 진정시키기라는 경험을 반복해서 제공할 수 있다.

사람들은 이 아이디어를 '포용' 혹은 '공간을 유지'하는 것과 같은 또 다른 방식으로 언급할 수 있다. 이 공간은 우리 자신에게 반사적으로 반응하지 않으면서 아이가 그의 강하고 힘든 감정이나 생각을 안전하게 표현할 수 있게 하는 곳이다.

그 결과 아이는 장애물에 직면하고 정서적 고통을 겪을 때 자신을 진정시킬 수 있는 능력을 내면화하며 발달시킨다. 지금 아이를 진정시키면 나중에 자신에게 그것이 필요하지만 우리가 곁에 없을 때 자신을 진정시킬 수 있는 능력을 키운다. 더욱이 아이는 친구, 형제자매, 파트너, 그리고 결국에는 부모로서 다른 사람들을 또한 더 잘 진정시킬 것이다. (그렇다, 정말 그럴 수 있다!)

아이가 우리를 필요로 할 때 그를 진정시키기 위해 지속적으로 함께 있어 주는 것 외에도 내면의 자기 진정시키기를 위한 신경학적 회로를 구축할 수 있는 가장 좋은 방법 중 하나는 내면의 혼란으로 위협받을 때 자신 안에서 평온함을 만들기 위해 사용할 수 있는 몇 가지 구체적인 도구를 아이에게 주는 것이다. 다음은 당신이 즉시 할 수 있도록 도와주는 몇 가지 전략들이다.

우리는 앞에서 '선제적 진정'이라는 아이디어를 언급했다. 정서적 혼란이 완전히 모습을 드러낸 뒤에 해결하기보다는 그 반사적 반응이 지나치게 강해지기 전에 고삐를 당겨 억제하는 방법을 찾는 것이다.

이런 식으로 아이가 처음부터 그린 존에서 너무 멀리 벗어나는 것을 방지하는 동시에 정서적 조절과 회복력을 키울 수 있도록 도울 수 있다. 문제가 다루기 어려워지기 전에 미리 대처할 수 있는 방법을 모색한다는 점에서 차분하게 하는 도구를 개발하는 것도 비슷한 아이디어이다.

기본적인 아이디어는 아이가 레드 존 또는 블루 존으로 완전히 이동할 것 같을 때 사용할 간단한 전략을 마련하기 위해 사전에 아이와 함께 작업하는 것이다.

첫째, 아이와 대화를 나누고 실망과 좌절의 상황이 인생에서 필연적으로 발생하겠지만 그것들에 대응할 때 무기력할 필요는 없다는 것을 설명하라. 큰 감정이 덮칠 것 같이 느껴지기 시작할 때 미리 생각하고 취해야 할 조치를 마련하여 해결할 수 있다.

당신과 아이가 마련하는 구체적인 단계는 당신에게 달려 있지만, 여기 몇 가지 제안이 있다.

'차분한 동굴' 만들기

스트레스가 심한 상황에서 벗어나기 위해 우리는 때때로 그냥 멀리 벗어날 필요가 있다. 아이도 다르지 않다. 강한 감정이 덮치기 시작하는 것을 느낄 때 물러나고 회복할 수 있는 장소를 갖는 것은 그런 존으로 돌아가는 좋은 도구가 될 수 있다. 그러므로 아이가 차분하고 침착함을 느끼는 순간, 다음번에 화가 날 때 아이가 갈 수 있는 '차분한 동굴'을 정하는데 몇 분 정도 시간을 줘라.

거실에 있는 소형 텐트, 옷장의 한구석이나 책상, 탁자를 덮는 시트 등을 이런 목적으로 사용할 수 있다. 좋아하는 봉제 동물, 부드러운 베개와 담요, 책, 헤드폰 또는 아이에게 편안함을 주는 다른 것들로 동굴 안을 채울 수 있다. 이 차분한 장소를 꾸미는 데 아이에게 권한을 주어 참여하게 하라. 그리고 나서 그 공간을 긍정적인 측면하고만 연관시키도록 하라.

벌을 주기 위해 아이를 그곳으로 보낸다면 그곳은 차분한 곳이 되지 못할 것이다. 하지만 아이가 힘들어할 때는 그곳이 마치 아이의 특권인 것처럼 제안할 수 있다.

"조용하고 차분한 너의 동굴에 가 볼래? 그게 도움이 될 거라고 생각한다면 난 괜찮아." 또는 "지금 당장 네 기분을 나아지게 하기 위해 필요한 게 무엇이니? 너를 위한 특별한 차분한 동굴에 가있으면 내가 간식을 좀 가져다줄까?"라고 말할 수 있다.

아이가 자신의 뚜껑이 열리기 시작하는 걸 느낄 때 그 장소로 갈 수 있다는 것을 알고 이완되고 편안함을 느낄 수 있는 장소로 만들도록 돕는 것이다.

마음을 진정시키는 음악 몇 곡을 선택하라

또 다른 자기 진정시키기 도구로는 아이가 화가 났을 때 부르거나 들을 수 있는 노래가 있다. 이것을 아이가 마음을 진정시키는 도구 상자에 추가하도록 격려하자.

노래는 아이마다 다를 것이다. 어떤 아이는 클래식 음악에서 진정되는 것을 발견할 수도 있다. 또 다른 아이는 모타운(모타운 사운드, 1950년대부터 디트로이트의 흑인 중심으로 생긴 강한 비트를 가진 리듬 앤드 블루스 - 옮긴이)이나 댄의 아들 알렉스 시겔의 복잡하고 즐거운 음악을 좋아할지도 모른다. (아빠로서 여기에 자랑거리 하나를 넣어서 실례!)

어떤 아이는 숲이나 해변의 소리나 시각화를 유도하는 데에 잘 반응한다. 또는 아이가 자신을 진정시키는 데 도움이 필요할 때 의지할 수 있는 재생 목록을 만들 수도 있다. 이렇게 하면 다양한 노래와 스타일을 클릭할 수 있고 아이가 경험하는 혼란을 가라앉히는 데 도움이 되는 노래를 찾을 수 있다. 이어폰을 넣고 노래를 고르는 행위조차도 자신을 돕기 위한 선제적인 조치를 취하는 데 도움이 될 수 있다.

에너지 발산 운동 목록을 작성하라

잠깐 피할 동굴과 들을 만한 음악뿐만 아니라, 아이에게 가르칠 수 있는 가장 좋고 간단한 자기 진정시키기 요령 중 하나는 단순히 몸을 움직이는 것이다. 춤추기, 제자리 뛰기, 스윙, 드리블, 주위를 빙빙 돌기 등 몸을 움직이는 것이면 어떤 것이든 신경계의 흥분을 감소시킬 수 있는 잠재력을 가지고 있다.

신체의 움직임은 뇌 활동에 직접적인 영향을 미친다. 사실 몸은 감정과 관련된 것을 포함한 뇌의 정보를 항상 보내고 있다. 당신은 알고 있다. 불안할 때 배가 아프거나, 화가 날 때 이를 악물거나, 경계심이 올라갈 때 어깨가 긴장하는 것에서. 우리가 그런 감정을 의식적으로 인지하고 있든 아니든 이런 것들이 바로 몸이 보내는 메시지다.

신체가 격렬하게 움직일 때 감정 상태는 완전히 바뀔 수 있다. 분노, 좌절, 긴장, 그리고 기타 부정적인 감정이 풀려 감정의 균형이 회복될 수 있다. 다르게 말하면 움직임은 신체와 그것이 경험하는 감정을 진정시킨다.

이것은 아주 어린 아이에게도 가르칠 수 있는 간단한 개념이다. 우리 말을 듣고 나서 그것을 정기적으로 실천하기 시작한 한 엄마가 있다. 그녀는 우선 아이의 느낌을 인정하고 아이가 공감을 느끼게 하고-이것이 핵심이다-그런 다음 즉시 아이를 움직이게 한다고 말했다.

아이에게 집안을 뛰어다니게 할 수도 있고, 아니면 "나하고 뒤뜰로 나가자. 우리가 어제 보고 있었던 그 새 소리가 들리는 것 같아"와 같은 말을 할 것이다.

근육을 사용하고 몸을 움직이는 데 필요한 것이라면 무엇이든지. 그녀의 아이는 세 살과 다섯 살인데, 그녀는 우리에게 "아이가 나이 들수록 저의 이 전략을 바꿔야 할 것이 분명하지만 지금 순간은 우리가 하는 어떤 일보다도 상처받은 감정을 뚫고 벗어나게 하는 데 효과적이에요"라고 말했다.

다른 기술들처럼 이 기술도 매번 효과가 있는 것은 아니다. 이것은 단지 도구 상자에 있는 하나의 도구일 뿐이다. 하지만 그것은 아이의 감정 상태를 변화시키는 데 일관되고 효과적으로 도움을 주는 방법이다. 그리고 만약 당신이 하는 것을 아이가 이해하도록 도울 수 있다면, 아이는 필요할 때 쓸 수 있는 전략을 하나 더 가질 것이다. 아이가 십대쯤 되어 화가 났을 때, 자신이 할 수 있는 가장 좋은 일 중 하나는 달리기를 하는 것이라는 것을 깨달을 수도 있다.

'구조 신호'를 개발하라

여기서 마지막으로 언급할 도구는 내면의 자기 진정시키기 전략을 항상 사용할 필요는 없다는 것을 아이에게 가르치는 것이다.

아이는 혼자가 아니다. 사실 아이가 스스로에게 도움을 줄 수 있는 가장 좋은 방법 중 하나는 – 어린 아이와 나이 든 아이 모두(그리고 어른들도) – 그가 필요할 때 도움을 요청하는 것이다.

우리는 평생 동안 우리 자신의 내면 상태를 조절하기 위해 다른 사람들의 도움이 필요할지도 모른다. 이 공동 조절은 나이와 상관없이 친밀한 관계에서 발견된다. 특별히 어린 아이는 일찍부터 이것이 필요하지만, 우리 모두는 상황에 따른 연결로부터 오는 다른 사람들과의 상호 조절을 함께 하기 위하여 우리의 내적 자원에 균형을 맞출 필요가 있다.

우리는 다른 사람의 도움이 필요할 때가 있다. 그냥 이야기를 나누거나 울거나, 아니면 포옹을 받을 수도 있을 것이다. 특히 아이가 어릴 때 그렇다. 아이에게 우리가 거기에 있고 진정시키기가 어떤 것인지 보여줄 필요가 있다.

그러나 아이가 성장하고 발달하더라도 아이를 넘어뜨리는 것이 무엇이든지 간에, 완전히 감당할 수 없는 시간들이 많이 있을 것이다. 그래서 도움을 요청해야 할 때를 인지하는 것은 양육에 있어 중요한 능력이다.

아이 마음에 주의를 기울이는 것에 관해 아이와 이야기를 나누고, 도움이 필요할 때 요청하는 것이 중요하다는 것을 설명하라.

이것이 진정시키기의 내적 측면과 상호적 측면 모두에 집중하는 방법이다. 아이들 중에는 그런 상황에서 자신을 표현하는 데 특히 능숙한 아이가 있을지도 모른다. 하지만 많은 아이들은 그렇지 않다.

그런 경우 그와 함께 '구조 신호'를 만들 수 있는데, 아마도 "도움이 필요해요. 지금 당장 어떻게 마음을 차분하게 할지 모르겠어요"라는 의미를 나타낼 수 있는 암호를 사용할 수 있을 것이다.

어쩌면 '나무딸기'와 같이 아이가 재미있게 들린다고 생각하는 단어일 수도 있고, 또는 지어낸 바보 같은 말일 수도 있고,

'색종이'와 같은 더 흔한 용어를 선택할 수도 있을 것이다. 아니면 단어를 쓰지 않고 대신 비언어적 신호를 정해서 아이가 자신의 귓불을 잡아당기면서 "기린 귀가 필요해요"라고 말하는 것일 수도 있다.

메시지를 보내는 방법은 중요하지 않다. 핵심은 내면에서 자기 진정시키기를 배울 때에도 아이가 당신에게 여전히 자신과 함께 있어 달라고, 그리고 상호적인 자기 진정시키기를 위해 도와달라고 해야 할 때가 있다는 것을 이해하는 것이다.

당신이 아이와 함께 아이 자신을 내적으로, 그리고 상호적으로 진정시키는 법을 배우도록 도우면 청소년기와 성인기에 접어들면서 힘들고 고통스러운 상황에 직면할 때, 내적이며 상호적인 조절이라는 양 측면 모두에 기술을 발휘하는 것을 배우면서 스스로 그런 순간을 더 잘 다룰 수 있게 되는 분명한 보상을 얻게 될 것이다.

이와 관련한 또 다른 중요한 이점은, 감정적인 고통을 다루기 위한 다양한 전술로 가득 찬 진정시키기 도구 상자를 제공함으로써 아이에게 힘을 실어준다는 점이다. 아이는 자신들이 통제 불능이 되었다고 느낄 때 자유자재로 사용할 수 있는 구체적인 전략을 가지고 있다는 것을 이해한다. 어떤 전략들은 내면적이고, 어떤 것들은 상호작용하는 것이다. 우리 삶 전반에 걸쳐 이 둘 다 필요하다.

만약 레드 존의 분노가 그를 점령하고 있거나 블루 존의 구름이 그를 압도하여 마음의 문을 닫고 숨는 것밖에는 다른 방법이 없을 때, 아이는 더 이상 감정과 상황에 속수무책인 채로 당하지 않도록 자신이 취할 수 있는 구체적인 방법들을 가진다.

또한 대부분의 전뇌(whole-brain) 원리와 전략들과 마찬가지로, 이 모든 것이 어른들에게도 적용된다는 점에 주목하라. (그래서 아마 당신은 초콜릿 한 조각을 숨겨두기 위해 옷장 뒤쪽에 약간의 공간을 마련하고 싶은 건 아닐까?)

진정 전략 2.
P-E-A-C-E를 제공하라

아이가 마음이 상했을 때 우리가 사용하고 시도해 볼 수 있는 수많은 종류의 기술과 전략들이 있다.

여기에 몇 가지를 제시했고, 당신도 창의적으로 생각해낼 수 있으며, 양육에 관한 책과 온라인 자료에도 수많은 다른 전략들이 나와 있다.

하지만 아이가 상처 입었을 때 기분이 나아지도록 하기 위해 무슨 말을 하거나 무엇을 해야 하는지에 대해 언제나 효과가 있을 마법의 총알은 없다. '하나의 정답'도 없다는 것은 사실이다.

그러나 아이의 고통에 대해 거의 항상 정확한 대체적인 응답은 있다. 그것은 아이가 진정하도록 돕는다는 측면에서 항상 효과적이지 않을 수도 있고, 당신이 갈망하는 결과를 항상 즉각적으로 만들어내지 않을 수도 있다.

하지만 아이를 위해 함께 있어 주고 사랑과 진정시키기가 어떤 것일지의 측면에서 그것은 올바른 일이다. 당신이 아이에게 제공할 수 있는 것은 당신의 P-E-A-C-E이다. 즉 현존(Presence), 참여(Engagement), 애정(Affection), 차분함(Calm), 그리고 공감(Empathy)을 말한다.

P-E-A-C-E가 구체적으로 무엇을 의미하는지 살펴 보자. 각 글자는 아이가 어떤 형태든 정서적 고통에 있을 때 당신이 아이와 함께 있어 준다는 것이 무엇을 의미하는지에 대한 핵심 요소를 표현하는 말들이다.

현존(PRESENCE)

아이가 상처 입고 있을 때 아이를 위해 거기 있어라. 함께 있어 줘라. 현존하며 있으라. 우리는 이 개념을 책 전체에서 이야기했다. 아이가 어떤 식으로든 고통받고 있고 우리의 도움이 필요할 때보다 더 중요한 때는 없다.

현존은 알아차림에 대한 열린 상태를 말하며, 연결을 불러오는 수용적인 존재 방식을 의미한다. 우리는 이런 마음가짐으로 아이를 판단하지 않고, 대신에 우리가 할 수 있는 한 아이의 진정한 모습 그대로를 분명히 본다.

우리는 우리 자신을 아이에게 도움이 되고 개방적이며 수용적인 사람으로 만들고, 아이는 자신이 우리에게 우선순위라는 것과 혼자가 아니라는 것을 안다.

아이는 때때로 당신이 퇴근하고 집에 올 때까지 기다려야 할 수도 있고, 당신이 출장 중이라면 전화로 이야기해야 할 수도 있다.

하지만 당신을 필요로 할 때, 거기에 당신이 있을 것이라는 것을 아이는 알고 있다.

명심하라. 현존은 또한 아이와 충분히 조율되어 있는 것을 말하며, 아이가 당신과 신체적으로 함께 있는 것을 원하지 않는 그 순간을 당신이 인정하는 것에 관한 것이다. 당신이 해줄 수 있는 가장 좋은 말은 이런 식이 될 수 있을 것이다.

"지금 너에게 약간의 여유를 줄게. 필요하다면 나를 부르렴. 나는 주방에 있을 거야." 요점은 당신이 함께 있을 거고 아이가 언제든 당신을 부를 수 있다는 것이다.

아이는 당신이 신경 쓰는지, 아니면 당신을 필요로 할 때 당신이 그곳에 있을 것인지에 대해 조금도 의심하지 않을 것이다.

참여(ENGAGEMENT)

P-E-A-C-E의 두 번째 부분은 당신이 함께 있어 줄 때 진정으로 참여하는 것을 말한다. 여기서의 아이디어는 당신이 아이에게 현존하는 방식이다. 적극적으로 듣는 것이다. 있는 그대로의 아이가 얼마나 중요한지, 그리고 아이가 당신에게 말하고 있는 것에 대해 당신이 얼마나 소중하게 여기고 관심을 가지고 있는지 표현하기 위해 당신의 비언어적 의사소통을 사용한다.

당신은 눈을 마주 본다. 고개를 끄덕이고 아이를 팔로 감싸거나 우는 동안에는 안아준다.

　아이에게 현존하고 아이와 아이의 고통에 적극적으로 참여하는 방식이다. 그만두라고 설득하지 않고, 그것을 가볍게 취급하지 않으며, 설교를 늘어놓지 않는다.

　비언어적 의사소통을 사용하여 연결하기 위한 다양한 방법에 대해 생각하는 데 도움이 되는 연습을 소개한다.

　다음 페이지의 그림처럼 일곱 가지의 비언어적 신호 각각을 하나씩 가리키면서 말은 한마디도 하지 않고 손을 사용하여 아이와 관계를 맺어 나갈 수 있는 여러 가지 방법을 스스로 일깨워 본다.

　검지를 들어 얼굴 주위를 빙 돌리면서 얼굴표정을 나타내는 것부터 시작하라. 그리고 눈맞춤을 하는 당신의 눈을 가리킨다. 그다음에 목을 가리켜라. 목은 목소리 톤을 나타낸다. 이제 어깨와 몸을 가리키는데, 이것은 당신의 자세를 나타낸다. 몸짓을 나타내는 손과 팔로 옮겨라. 응답의 타이밍을 나타내기 위해 손목(시계가 있는 곳)을 가리키고 마지막으로, 당신의 응답 에너지나 강도를 보여 주는 것처럼 두 손으로 주먹을 쥐어라.

　아이를 진정시키기 위해 참여할 때, 우리는 실제로 수많은 접근법을 취할 수 있다. 당신에게 가장 잘 맞는 것을 찾아라.

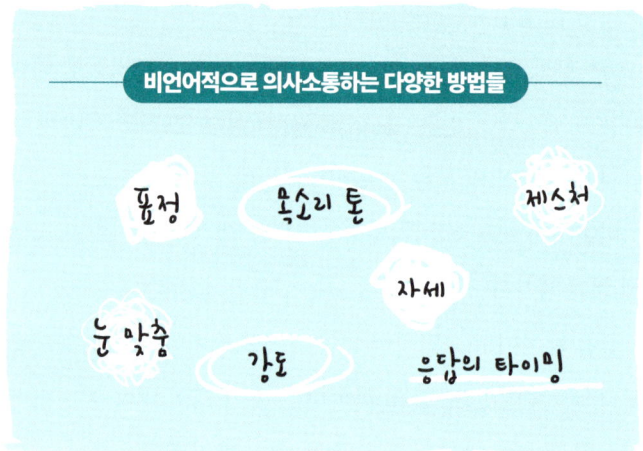

애정(AFFECTION)

당신의 애정을 표현하기 위한 명시적이든 암묵적이든 모든 방법을 찾는 것은 적극적인 참여의 한 부분이다. 말과 행동을 모두 사용하여 당신이 아이에게 얼마나 많은 사랑을 느끼는지 전한다. 아이가 겪고 있는 일에 대해 얼마나 많은 연민을 가지고 있는가? 당신이 할 수 있다면 돕기를 얼마나 열망하는가? 누군가를-아이 또는 어른-진정시키는 가장 강력한 방법 중 하나는 그 사람이 완전히 절대적으로 사랑받는다고 느낄 수 있도록 돕는 것이다.

차분함(CALM)

　차분함을 유지하는 것은 때때로 당신의 P-E-A-C-E를 제공하는 데 있어서 가장 어려운 부분 중 하나다. 어떤 상황에서, 즉 만약 아이가 당신과는 직접적으로 관련이 없는 놀이터에서 있었던 일에 대해 화를 낸다면 그렇게 크게 힘들지 않을 것이다. 그러나 만약 아이가 확실히 준비했다고 당신에게 자신만만해 했던 시험에서 방금 떨어졌거나, 당신을 공격하게 되는 다른 갈등을 가지고 있다면, 당신 자신 안에서 차분함을 유지하는 것은 정말 도전이 될 수도 있다.

　이런 상황에서는 당신 자신이 그린 존에 머무는 것이 더 중요하다. 이런 관계에서 당신은 어른이 될 필요가 있다. 물론 당신도 화가 날 수 있다. 그 순간에 당신이 느끼고 있는 것을 경험하고, 당신의 감정을 적절한 때에 적절한 방식으로 표현하는 것은 잘못된 것이 아니다. 그러나 당신이 공격을 하거나 자제력을 잃지 않으면서 당신이 느끼고 있는 것을 말하는 방법에 더 많은 모범을 보일수록 아이는 감정 관리와 관계에서의 존중 모두에 대해 더 많이 배울 것이다.

　아이가 마음이 상했을 때 상황을 진정시키는 데 도움을 주는, 우리가 가장 선호하는 기술 중 하나는 이야기를 나누는 동안 우리의 눈높이를 아이의 눈높이보다 조금 아래로 낮추는 것이다. 이렇게 하는 것은 두 사람 모두에게 당신이 어떤 종류의 위협도 할 의도가 없다는 것을 전달한다. 어떤 식으로든 아이에게 '위협'이 전달되면 아이의 뇌는 위협 대응 모드로 전환될 수 있다는 점을 기억하라.

당신의 몸을 위협과는 정반대 방식으로 둘 때, 즉 아이의 눈높이보다 아래에서 이완된 자세로 앉음으로써 '위협 없음'을 전달하게 된다. 아이는 자신이 방어 태세를 유지할 필요가 없고, 싸울 필요도 없으며, 비유하자면 칼과 방패를 내려놓을 수 있다는 것을 인식할 것이다.

아이의 눈높이보다 아래에 있다고 해서 당신이 복종하는 것은 아니다. 그런 뜻이 아니다. 당신은 그 상황에서 부모로 남을 수 있고, 또 그래야 한다. 이것은 단지 아이의 신경계를 상호적으로 하향 조절하기 위한 전략적 자세일 뿐이다. 마치 강렬한 반사적 행동을 약하게 하는 것과 같다.

때로는 다이얼을 천천히 돌려 볼륨을 줄이는 것을 상상하는 것도 도움이 될 수 있다. 단순히 당신의 자세와 신체 언어만 가지고도 당신들 두 사람이 서로에게 화가 났지만 위협이 되기보다는 도움이 될 수 있다는 것을 아이에게 전하고 있는 것이다. 이것은 우리가 위협적이지 않은 신체 언어를 사용할 때

공격적이고 당당한 자세에 있을 때와는 완전히 다른 신경망을 활성화하기 때문에 효과가 있는 것이다.

공감(EMPATHY)

당신이 주는 P-E-A-C-E의 마지막 측면은 공감이다. 이것은 아이가 겪고 있는 것을 당신이 개인적으로 경험하지 않았더라도 그 경험을 당신도 '아이와 함께 하고 있다'고 느낄 수 있을 정도까지 민감하다는 것을 의미한다. 공감에는 타인의 관점 수용, 인지적 이해, 공감적 기쁨, 공감적 관심 등과 같은 다른 요소들이 있다. 공감은 특히 현존, 참여, 애정, 그리고 차분함과 결합할 때 아이가 그린 존으로 돌아가기 위한 최적의 환경을 만드는 데 도움을 줄 수 있다.

다시 말하지만 모든 정서적 아픔을 치유하거나 아이가 직면하는 모든 문제를 해결하는 공식은 없다. 그러나 당신의 P-E-A-C-E를 아이에게 줄 수 있을 때 아이는 조율되고 돌봄을 받고 사랑받고 있음을 느끼는 등 진정시키는 데에 중요한 모든 단계를 밟아 가고 있다는 것을 당신이 보장해 줄 것이다.

부모의 자기 이해와 회복

우리 자신과 함께 있어 주기

인생은 아름답고 경이로움과 의미가 가득하다. 그리고 때로는 고통스럽고 극도로 힘들기도 하다. 우리 각자는 예외 없이 방해와 어려움, 좌절과 가슴 아픈 비통함을 겪을 수밖에 없다. 도전받는 순간에는 혼신의 힘을 쏟아야 할 필요가 있다. 소중한 관계가 끝나고, 엄청난 손실에 직면하고, 건강, 경력, 가족, 재정 또는 어떤 중요한 삶의 상황에서 힘든 변화로 흔들린다.

운이 좋다면 우리는 성인으로서 인생에 애착 인물을 가진다. 그 인물은 우리가 가장 힘든 시기를 헤쳐 나가도록 우리를 도와줄 가족, 파트너, 또는 친구라는 지원 시스템 안에 있는 핵심 인물이다. 그리고 우리 중 일부는 어렸을 때 양육자로부터 안정 애착을 획득하였다. 그것은 폭풍우 속에서 강인함과 회복탄력성을 우리에게 제공하는 통합된 신경 회로를 제공한다. 성장하는 동안 우리 뇌는 누군가에 의해서 안전하고 관심을 받으며 진정되고 있다고 느꼈다.

그리고 이제 우리는 안정 애착이라는 내면의 모델을 갖게 되었다. 그래서 삶에 불가피한 고난이 나타날 때, 그 현재의 순간을 단지 견디고 살아남는다는 의미일지라도 그것을 통과할 수 있다는 것을 안다.

그러나 다시 말하지만 그것은 우리가 운이 좋을 때 그렇다는 것이다. 우리들 중 많은 사람들은-대략 열 명 중 네 명 정도-어렸을 때 그렇게 양육되지 않았다. 우리를 안전하게 지켜주거나 우리가 관심을 받고 있다고 느끼게 한 그런 가족을 가지지 못했다.

우리 중 일부는 일관성 없는 애착을 경험했기 때문에 우리 자신을 진정시키는 내적 수단을 발달시키지 못했고 대신에 신뢰할 수 없는 다른 사람들에게 더 많이 의존했다. 이러한 양가 애착의 상황에서 연결을 더 강하게 하려는 충동 전략을 발달시켰다. 또 다른 어떤 사람들은 일차 양육자와 회피하는 애착을 경험했다. 이런 경우에는 연결을 위한 충동을 줄이기 위해, 내면의 어떤 작동방식과 같은 정신적 모델을 발달시켜야 했다. 그것은 자신의 내면세계로부터 뿐만이 아니라 다른 사람들과의 관계적 연결로부터도 벗어나는, 말 그대로 단절이다.

더구나 회피 애착과 함께 상처를 입었을 때 우리는 모두 혼자였다. 화가 났거나, 실망하거나, 부상을 당하거나, 혹은 다른 종류의 고통에 처했을 때 진정시켜 줄 사람은 아무도 없었다. 인생의 도전을 스스로 감당해야 했다.

그리고 혼란 애착의 경우, 우리들의 양육자는 공포의 근원이었고 우리는 보호 받기 위해 양육자를 향하는 내적 충동을 경험했지만 동시에 고통의 근원인 양육자로부터 멀어지려는 충동도 있었다.

이러한 분열되는 경험은 특히 스트레스 상황에서 내면의 분열 상태를 초래할 수 있다. 그러한 생물학적 역설이 우리가 물려받은 애착 패턴일 때 우리의 현실 감각, 인식에 관한 신뢰조차도 불안정할 수 있다. 진정시키기를 위한 내면적이고 상호적인 모든 수단은 위태로워지고, 심지어는 진짜라고 믿을 수 있는 것에 대한 우리의 감각조차도 혼란 애착의 경험에서 분해될 수 있다.

잠시 당신 자신의 경험에 대해 생각해 보라. 특히 어떤 식으로든 당신이 속상했을 때 당신의 양육자가 얼마나 마음을 진정시켜주었는지 생각해 보라. 당신 내면의 상황에 대해 관심을 가져주었는가?

다음 각 질문에 대해 충분한 시간을 가지고 과거와 현재 모두에서 당신 자신의 경험을 고려하면서 살펴보라. 당신의 과거에 대해 더 명확하게 알게 될수록 아이와의 관계뿐만 아니라 자기 앎의 측면에서도 더 많은 혜택을 얻을 수 있다.

> ❶ 어린 시절에 괴로움을 겪었을 때 누군가가 당신과 얼마나 함께 있어 주었는가? (1~10점 척도) 부모 또는 양육자가 당신과 함께 있어 주고 그의 P-E-A-C-E, 즉 '현존', '참여', '애정', '차분함', '공감'을 제공한 것에 대해 구체적으로 어떤 기억을 가지고 있는가?

> ❷ 마음이 상했을 때 당신이 받은 조율의 패턴('현존', '참여', '애정', '차분함', '공감')이 있다면, 이제 당신의 아이에게 어떤 것을 주고 싶은가?

③ 어린 시절에 받은 양육에서 빠진 부분이 있다면, 그 부족함에 대처하는 법을 어떻게 배웠는가? 울기 전까지 화가 난 채로 자주 그냥 있었는가? 당신의 느낌을 부정하고 그 중요성을 무시하는 법을 배웠는가?

④ 어른이 된 지금 당신 자신의 어려운 순간을 어떻게 처리하는가? 힘든 경험을 처리할 때 당신을 지원해 줄 사람이 있는가? 일단 안정 상태에서 벗어나면 다시 돌아오기가 어려운가? 화가 났거나, 속이 상하거나, 실망할 때, 혼란스러운 감정의 홍수를 경험하거나, 또는 정서적으로 메마른 사막(멈춰버리고 내면에서 일어나고 있는 것을 무시하는 상황)을 경험할 것 같은가?

⑤ 당신 아이가 상처받았을 때 당신은 그를 위해 어떻게 현존하는가? 그에게 당신의 '현존', '참여', '애정', '차분함', '공감'을 주는가? 아이는 당신의 현존, 참여, 애정, 차분함, 공감과 함께 당신이 함께 할 것임을 확신할 수 있는가? 아니면 때때로 그의 어려움을 그 혼자서 처리하는가?

⑥ 당신이 아이의 감정에 너무 휘말려 그의 고통을 증폭시키는 때가 있는가?
즉, 아이와 함께 조절하는 대신 함께 고조되는가?

7 당신의 아이 각각에 대해 구체적으로 생각해 보라.
각각의 아이가 어떤 식으로든 마음이 상했을 때 아이가 어떻게 보이는지 아이 각각에 대해 정신적 이미지를 그려 보라. 어쩌면 쉽게 압도되는, 특히 민감한 아이를 두고 있을 수도 있고 나이가 많은 아이는 전자기기를 보는 시간이나 취침 시간과 관련하여 당신이 정한 지침에 대해 지금 화가 났을 수도 있다. 아이가 자기 뜻대로 되지 않을 때 그가 어떤 느낌과 생각을 갖게 될지 생각해 보라. 당신은 어떻게 응답하고 싶은가?
당신의 어린 시절 경험을 생각할 때 아이에게 당신의 '현존', '참여', '애정', '차분함', '공감'을 어떻게 가장 효과적으로 줄 수 있는가?
당신은 더 잘 현존하고 싶은가? 완전히 참여하고 싶은가? 더 애정 어리고, 차분하고, 혹은 공감적이 되고 싶은가?
당신이 필요로 했던 그런 종류의 진정시키기를 당신의 부모로부터 받지 못했다 하더라도 지금의 당신은 아이와 함께 있어 줄 수 있으며 그것을 줄 수 있다. 다음에 아이가 당신을 필요로 하는 때가 있으면 어떻게 하고 싶은가?

아이와 함께 있어 준다는 것은 그를 위해 거기에 있는 것이다. 그리고 어쩌면 특별히, 심지어 그가 최악의 상황에 있을 때에도. 그때가 아이가 당신을 가장 필요로 할 때이다. 따라서 당신 자신이 양육 받은 방식에 대해 보다 일관된 이야기를 개발하면서 당신 자신의 내면을 성찰하는 데에 시간을 들여라. 당신은 내면의 고통 상태를 진정시키기 위한, 내적이고 상호적이며, 새롭고 도움이 되는 전략을 배울 수 있다. 지금 있는 그대로의 당신이 누구인지에 대한 명확한 이해와 관계들이 당신을 어떻게 형성해 왔는지에 대해 일관된 이야기를 새롭게 작성하라.

그 과정에서 당신의 삶에 안정 애착을 얻고 배울 수 있다. 게다가 새롭고 유용한 내적이고 상호적인 진정시키기 기술을 배움으로써 당신 자신 안에서 그리고 다른 사람들과의 연결에서 이해의 명료함뿐만 아니라 정서적 차분함도 얻게 될 것이다.

결과적으로 당신은 아이에게 P-E-A-C-E를 줄 수 있을 것이다. 당신의 아이는 양육되는 것과 진정된다는 것이 어떤 느낌인지를 아는 청소년과 성인으로 성장할 것이다. 그리고 그 자신과 그가 사랑하는 사람들을 위해 그런 종류의 돌봄을 어떻게 주는지를 배울 것이다.

THE POWER OF SHOWING UP

Chapter 6

안정
—
3가지 S를 모두 모으기

부모와 아이,
양쪽 모두가 패하는 상황

이제 우리는 마지막 S에 이르렀다. 6장은 이 책 전체가 무엇을 위해 만들어졌는지에 초점을 맞춘다. 바로 아이들에게 안정감을 심어 주는 것이다. 아이들이 안전하다고 느끼고 누군가에게 관심을 받으며 진정 된다고 느낄 때 안정되게 애착되면서 안정감을 갖게 된다.

예를 들어 보자. 열두 살 난 아들과 갈등을 겪었던 한 아버지에 대해 말해 보겠다. 아이가 속한 스카우트 단체는 일주일의 캠핑 여행을 마치고 돌아와 아이들의 성취를 축하하기 위해 함께 영화를 보러 갈 예정이었다. 소년들은 R 등급(청소년 관람 불가 등급)의 영화를 선택했는데, 아버지 생각에 그 영화는 열두 살 아들에게는 적절한 영화가 아닌 것이 분명했다. 다른 몇몇 부모들에게 의견을 물었지만 약간 염려된다고 표현하면서 "나도 좋아하진 않지만 다른 아이들이 모두 가니까"라는 식으로 대답했다. 아버지 또한 아들이 친구들과 함께하는 재미있는 경험을 하지 못하게 될 것이라고 말하는 것이 싫었다. 하지만 결론을 내릴 때가 되자 분명해졌다. 아들은 갈 수 없었다.

예상대로 아들은 몹시 화를 냈다. 아이는 먼저 혼돈의 레드 존에 들어가면서 자신의 충격을 표현했다. 아이는 아버지에게 "진심이세요? 하지만 다른 애들은 다 가잖아요!"라고 말했다. 그러고는 아버지를 비난하면서 소리를 질렀다.

"어린애 취급받는 기분이 어떤지 생각이나 해 보셨어요? 나만 안 간다고요! 내가 따돌림받길 아빠가 바라다니 믿을 수가 없어요."

아버지는 해명하려고 했다. 그 영화를 보는 전후 시간에 친구들과 함께 있을 수 있도록 같은 시간, 같은 극장에서 다른 영화를 보도록 데려가겠다고 대안을 제안했다.

당연히 아이는 이 '어리석은' 대안에는 관심이 없었고 아버지를 다시 공격했다.

"아빠는 눈곱만큼도 이해하려는 마음이 없어요."

아이는 아버지에게서 등을 돌리고 자기 방으로 갔다. 문을 쾅 닫으며 자신의 마음을 표현했다.

이런 순간은 힘들다. 우리는 아이들이 즐거운 기회를 누리지 못하는 것을 원하지 않지만 때로는 첫 번째 S(안전)를 제공하면서 안전하게 지키기 위해 안 된다고 말해야 할 때도 있다.

이 이야기의 아버지 역시 자신이 올바른 결정을 내리고 있다는 것을 알지만 아들이 친구들과의 중요한 유대의 경험을 빼앗겼다고 생각해서 자신에게 그렇게 화를 내는 것이 마음에 걸렸다.

몇 분 후에 아들이 다시 나타났는데, 뭔가 좀 더 말하고 싶어 하는 게 분명했다. 한번은 자기 입장을 변명하고, 다음 순간에는 아버지를 혹평하면서 왔다 갔다 했다.

아버지는 자신의 결정에 대한 입장을 고수했지만(그는 입장을 바꿀 생각은 없었다) 우선순위에 집중했다. 그것은 아들과의 관계를 우선하면서도 아들을 보호하는 것이었다. 그는 계속해서 아들이 보여준 것과 똑같이, 반사적 행동에 의존하여 상황에 휘말리고 상황을 악화시키는 것을 피했다.

심지어 약간은 개인적인 공격으로 이어졌을 때도 그랬다. 아버지는 어린 시절에 친구도 없었기 때문에 자기를 이해할 수 없다고 말했을 때조차도 그러한 태도를 유지했다.

이런 종류의 맹공에 대해 차분함을 유지하는 것은 실로 어려운 일이다.

스스로 어른스러운 아버지가 되기

이 아버지는 다른 S들(관심, 진정)에 집중하였다. 우선, 아들에게 관심을 보이고 분노가 어디서 오는 것인지 이해하였다.

아이가 화가 날 것임을 완전히 이해하면서 말했다.

"알아, 아들. 혼자 외톨이가 되는 것은 끔찍하고 당혹스러울 수 있지."

그는 또한 반사적으로 대응하기보다는 호기심으로 상황에 접근했다. 아들이 순간적으로 마구 몰아세울 때조차도. 그렇게 하면서 그는 아들을 진정시키며 현존하였다. 아들이 말한 자신의 과거 상황으로 자신을 끌어내리지 않았고, 공격적으로 대응하지 않았다.

"나는 아빠고, 너의 의견을 물어본 게 아니야. 지금은 민주적인 의사결정을 하는 게 아니야!"라든가 "얘야, 명심해라. 계속 이런 식으로 하면 친구들을 오랫동안 만나지 못하게 할 거다"와 같은 모든 것을 차단해버리는 오래된 위협 방식을 사용하지 않았다.

자신이 공격받는다고 느끼기 시작하면 반사적으로 행동하게 되기 때문에 이런 식의 부모 역할로 되돌아가는 것은 굉장히 유혹적이다.

만약 그가 그런 방향으로 갔다면 아이는 진정되거나 차분해질 수 없었을 것이다. 그의 신경계는 극도의 각성 상태로 남아 있었을 것이며 관계는 불행한 대가를 치렀을 것이다. 그것은 양쪽 모두 패하는 상황이다.

그러는 대신 아버지는 그 상황에서 어른스럽게 스스로를 조정할 줄 아는 성인으로 남아 있었고, 아이가 스스로를 표현할 수 있도록 허용했다.

그는 자신의 P-E-A-C-E(현존, 참여, 애정, 차분함, 공감)를 제공하는 데 초점을 맞추었다.

"네가 실망했다는 것을 안다", "네가 화를 낸 것을 탓하지 않을 거야"와 같은 말을 했다.

그는 P-E-A-C-E를 제공하면서 아들이 자신의 강한 감정을 처리하고 헤쳐 나갈 수 있는 시간을 주었기 때문에 그를 다시 그린 존으로 데려가 진정시켰다.

네 번째이자 궁극적인 S, 안정

그는 처음에는 세 가지 S를 제공했다. 아이는 안전함을 느꼈고 관심을 받고 궁극적으로 진정되었다. 아버지는 이 세 가지를 제공함으로써 아들에게 네 번째이자 궁극적인 S, 즉 '안정'을 제공했다.

아들은 분노와 억울함 가운데서도 안정 애착을 제공하는 방식을 본보기로 보여주고 있는 아버지에게서 배우고 있었다. 그런 부모는 아이가 좋아하지 않는 결정을 내릴 때에도 아이를 안전하게 지킨다. 아이가 비난하고 있을 때도(존중하는 대화와 관련하여 때로는 한계를 설정하면서) 아이에게 관심을 보내고 들어 준다. 그리고 아이가 화가 났을 때 진정시키고 P-E-A-C-E를 제공하기 위해 노력한다.

  이윽고 아이가 진정되면 이러한 교훈은 내면화되고, 누군가를 사랑하고 그들과 함께 있어 준다는 것이 의미하는 바를 알게 된다. 그 결과 아이는 내면의 힘에 대한 감각과 관계의 힘에 대한 이해를 바탕으로 삶을 헤쳐 나갈 강인함과 회복탄력성을 아버지와의 안정 애착 속에서 계속 발달시켰다.

  우리가 아이를 위한 안정을 제공하는 이 역동적이고 놀라운 점 중 하나는 시간이 지남에 따라 그들이 우리에게 실제로 덜 의존할 것이라는 점이다. 관계는 항상 중요하며 심지어 안정된 개인도 다른 사람에게 의존하고 연결에서 의미와 중요성을 찾지만 아이가 성장함에 따라 안정을 갖게 되면 모든 상황에서 다른 누군가에 의해 나머지 다른 S들을 제공하는 것을 점점 덜 필요로 하게 된다.

  그들이 갖게 된 안정은 자신의 정체성에 대한 전반적인 정신적 모델로 확립될 것이고 그들 스스로를 안전하게 지키고 그들 자신을 가치 있게 보고 일이 잘 안 풀릴 때 그들 스스로를 진정시키기 위한 내면의 자원이 될 것이다.

  다르게 표현하면 아이가 비교적 예측 가능하고 일관된 바탕에서 안전하다고 느끼고 자신이 관심받고 있으며 진정받고 있다고 느낄 때 (그리고 그 일관성이 항상 유지되지 않을 때도 고쳐지기만 하면) 아이의 마음속에 내부에서 작동하는 안정 모델이 만들어진다는 것이다.

'작동한다'는 것은 변화에 개방적이며 우리 마음의 여러 수준에서 제대로 작동하는 정신 모델을 의미한다. 이 작동 모델은 세상에서 우리가 스스로에게 관심을 보이는 방법, 자신의 정서 상태를 조절하는 것을 습득하는 방법, 그리고 삶에서 다른 사람과 함께하는 방법 등을 직접 형성한다.

애착의 내면 작동 모델은 다양한 방식으로 관계를 형성하고, 그것은 다시 우리 자신이 누구인가라는 정체성을 형성하는 데에 도움을 준다. 그 결과 아이는 반복된 경험을 기반으로 '내 내면의 삶은 관심을 받을 가치가 있어'라고 말하는 하나의 일반화된 도식을 개발한다.

특권을 말하는 게 아니다. 단지 '나의 내면의 세계, 즉 나의 느낌, 생각, 꿈, 열망, 사물에 대한 의미, 내가 누구인가에 관한 이야기 등은 좋은 것이고 다른 사람들과 나눌 가치가 있다'라고 내면의 가치에 대한 감각을 말한다.

이것이 안정이다. 이것이 위에서 설명한 사례와 같은 순간에 아버지가 아들의 마음에 구축해 주고 있었던 내면 작동 모델이다.

또 다른 예를 하나 살펴 보자. 우리가 가끔 보게 되는 시나리오는 행동 문제를 나타내는 아이에 관한 것이다. 이 아이는 화가 났을 때가 아니라 한계를 시험하는 방식으로 행동한다.

세 살짜리 아이가 계속해서 동생을 때리는데, 짜증이 난 것이 아니라 그냥 그러는 것 같다. 부모들은 종종 이런 상황에서 어떻게 대응해야 하는지 질문한다. 다시 한번 말하지만 모든 아이는 다르고, 모든 경우에 딱 맞는 훈육 방법은 없다. 그러나 네 가지 S는 거의 언제나 모든 상황에 필요한 것이다.

예를 들어 만약 당신이 위와 같은 상황에 처한 부모라면 아이의 누나에게 했던 것처럼 남동생을 보호하면서 안전을 제공했을 것이다. 당신은 또한 세 살짜리 아이에게도 실제로 관심을 주기 위해 애쓸 것이다.

아이는 그저 아무렇게나 행동하는 것처럼 보일 수 있고 실제로 특별히 어떤 것에 대해 화가 난 것은 아닐 수도 있다.

그러나 호기심을 가지고 좀 더 자세히 살펴보면서 상황에 접근해서 '그 이유를 찾아보았을' 때는 아마도 동생이 너무 많은 것을 차지하고 있었기 때문에 아이가 당신의 관심을 구하고 있다는 것을 알게 될 가능성이 높다.

그래서 당신의 관심이든 아니면 다른 무엇이든 간에 당신이 아이의 욕구를 알아차렸으면 한계를 명확히 설정하면서 당신이 관찰한 것을 바탕으로 인정하고 응답할 수 있다.

그리고 마침내 당신은 어린 딸을 진정시킬 것이다. 당신은 아이에게 이렇게 말할 수도 있을 것이다.

"우리 집에서는 모두가 안전해야 한단다. 동생을 다치게 하는 걸 그냥 두고 보지는 않을 거다. 그래서 나는 네가 진정되도록 도와주려고 해. 우리는 너의 평화로운 장소로 갈 수도 있고, 아니면 내가 지금 여기서 너를 안아줄 수도 있단다."

안정의 혜택

당신은 아이가 감정에 크게 휩쓸리거나 한계를 시험해 보려고 하고 자신을 어떻게 잘 하지 못할 때도 여전히 당신의 사랑 안에서 안정을 느낄 수 있다는 것을 이해하도록 도울 것이다.

아이의 내면에서 휘몰아치고 있는 것이 무엇이었든, 그리고 아이로 하여금 동생을 때리도록 몰아간 것이 무엇이든 당신은 아이를 진정시킬 것이며, 그러는 동안 두 아이 모두를 안전하게 지켜줄 것이다. 그리고 아이는 당신이 자기 욕구를 알아보기 위해 지속적으로 함께 있어 줄 것이며, 적절한 때에 세심하게 예측 가능한 방식으로 응답할 것이라는 것을 배우게 될 것이다.

결과적으로 아이는 평생 동안 자신을 돌봐줄 안정을 개발할 것이다.

간단히 말해서 안정 애착을 가진 아이들, 즉 애착의 안정적인 내면 작동 모델을 습득할 만큼 운이 좋았던 아이들은 더 행복하고 성공적인 삶을 살 수 있게 하는 특성과 기술을 개발한다. 안정의 혜택은 참으로 매력적이다. (다음에 나오는 '안정 애착의 혜택'을 참조하라.)

안정 애착을 가진 아이들은 부모나 다른 애착 인물과 함께 있지 않은 경우에도 이러한 특성들을 가지고 있다. 안정으로 이어지는 반복되는 경험은 신경가소성의 관점에서 뇌를 변화시키고 아이들 안에 대인관계의 기술과 삶에서 더 많은 기쁨, 의미, 그리고 중요성을 찾을 수 있도록 해주는 속성들을 만들어 낸다.

안정 애착의 혜택

- 관계의 중요성에 대한 이해
- 다른 사람과 연결된 상황에서도 독립성과 객관성 발달
- 스트레스에 직면한 가운데 회복탄력성 발달

- 감정과 신체의 조절
- 과거를 성찰하여 현재와 통합하고 미래를 위해 적응 가능한 계획들을 수립할 때 자유로움
- 조율된 의사소통을 제공하는 능력
- 유연성과 적응성
- 공감
- 개인적 통찰과 풍부한 내면의 삶을 개발할 수 있는 능력

    아이들이 이러한 패턴의 안정을 애착 인물과 함께 향유하지 못할 때, 일반적으로 정반대의 상황이 나타난다. 종종 그들의 관계 능력은 감소하며 회복탄력성, 적응성, 자립성, 그리고 다른 특성들도 마찬가지로 감소한다.

    불안정 애착의 여러 패턴에 대한 설명들을 다시 생각해 보라. 아이는 때때로 자신의 감정을 무시하고 자신의 욕구를 말하는 것을 회피하는 것을 배우게 되는 상황에서 회피 애착 패턴을 발달시킬 것이다. 그렇게 하면 분명히 관계가 더 어려워지고 개인적인 통찰력이 떨어지며 자신의 내면세계를 덜 알아차리고 필요할 때 도움을 요청하기도 더 어려워진다.

마찬가지로 양가 애착 패턴을 발달시키고 사람들에 대해 예측할 수 있다고 확신할 수 없는 아이는 위의 혜택 목록 중 몇 가지를 놓칠 수 있다.

아이는 자신의 감정을 진정시키는 데 어려움을 겪을 수도 있고, 또는 다른 사람들이 결국에는 함께 있어 주지 않을 것이라는 두려움으로 다른 사람과 적극적으로 함께하는 능력이나 성향이 부족할 수도 있다. 그리고 혼란 애착 패턴을 가진 아이들은 안정 애착의 혜택을 누려야 할 상황이 될 때 가장 큰 어려움을 겪을 것이다. 양육자와의 상호작용에 기반해서 사람들이 위험하고 신뢰할 수 없다고 믿게 된다면, 그런 관점이 그들의 삶을 뒤덮어서 안정 애착을 가진 아이들이 누릴 수 있는 많은 이점을 경험하지 못 할 수 있다.

반면에 안정은 권한을 받았다는 느낌을 준다. 안정 애착을 가진 아이는 안전과 관련하여 자신을 보호할 수 있고 보호받을 가치가 있으며 필요할 때 안전을 확보할 수 있다고 믿는다. 이 아이는 안전이 자신의 삶에 내재된 특성이라고 전적으로 기대한다. 마찬가지로 자기 스스로에게 관심을 주고 진정시킬 수 있다. 자신이 고통스러울 때 자신의 내면에서 무엇이 일어나고 있는지 관찰하고, 그런 다음 내면의 삶을 진정시키고 조절할 수 있는 기술을 습득한다.

아이는 성장함에 따라 안녕에 대한 내면의 감각, 일관성과 회복탄력성에 대한 상호적인 감각을 가지고 세상과 상호작용하면서 자기 자신에게 안정을 줄 것이다. 다른 사람들과 연결하는 것을 가치 있게 느낄 수 있으며, 자신 안의 다양한 힘들을 이해할 것이다.

일관된 방식으로 함께 있어 주는 사람을 적어도 한 사람이라도 갖게 될 때 아이는 자신의 삶을 살 것이며, 우리가 '안정 기지'라고 부르는 것을 바탕으로 결정을 내릴 것이다. 안정 기지란 안전과 용기를 모두 느끼게 하는 공간을 말한다.

안정 기지:
안전한 피난처이자 발사대

 아이의 욕구를 충족시키고 그 내면의 현실에 관심을 보이기 위해(완벽하지는 않더라도) 안정적이고 일관되게 함께 있어 주는 양육자를 최소한 한 사람이라도 가지는 것이 아이가 세상을 탐험하기 위한 발판으로 삼을 수 있는 안정 기지를 개발하는 데 도움이 된다. 아이들은 이 기지에서부터 이미 알고 있는 것을 넘어 모험에 나설 수 있다. 자신들의 주변 상황과 주변 세계를 조사할 수 있다.

 이것이 목표다. 아이들이 확실하게 안전하다고, 관심받고 있다고, 진정되고 있다고 느끼지 못할 때는 반대의 상황이 된다. 거기에는 어떤 안정도 없다.

즉 네 가지 S를 제공하기 위해 함께 있어 줄 양육자가 없는 아이는 종종 친밀한 관계에서도 스트레스가 많은 상황에서 나타나는 추리력의 어려움, 또는 새로운 일을 시도하거나 자신의 편안한 영역을 벗어나는 것에 대한 불안 등으로 어려워한다. 이런 것 때문에 아이에게 안정 애착이 발달되도록 돕는 것이 매우 중요하다.

놀이터에 처음 가보는 수줍은 기질의 유아를 생각해 보라. 안정 애착 패턴을 가지고 있다면 아이는 정글짐 옆에 있는 벤치에 처음 앉을 때 아버지의 다리를 붙잡을 수 있다. 그런 다음 그 놀이 기구를 향해 몇 걸음 다가가고 자기보다 큰 아이가 옆으로 달려와 놀라게 할 때 돌아올 수도 있다. 아버지에게 서둘러 돌아간 다음 다시 모험을 시작한다. 이번에는 미끄럼틀에 다가간다. 아버지와 얼마나 멀리 있는지 생각하자마자 안정 기지인 아버지에게 돌아갈 수도 있다. 그런 다음 또 시도하고 정말 관심 있는 사다리에 다가간다. 아직 경험하지 않은 것들에 대한 이러한 점진적인 탐험은 아이에게 도전이 되고 강하게 해준다. 그리고 아이는 자신의 두려움에 기꺼이 정면으로 맞서고 틀림없이 자신과 아버지 사이의 거리를 벌린다. 왜냐하면 아이가 돌아올 때 아버지가 그를 위해 거기에 있을 것이라는 믿음을 가지고 있기 때문이다. 아이가 필요로 할 때면 언제든지 거기에 안정 기지가 있다고 기대하기 때문에, 그 과정에서 점점 큰 위험을 감수하는 것이 문제없다고 느낀다. 안정 기지가 제공하는 안전함은 아이로 하여금 점점 더 많은 것들을 시도할 수 있게 한다.

아이가 이러한 연결 경험을 반복적이고 신뢰할 수 있는 방식으로 배우는 동안 아이의 뇌는 구조가 변하고 더 통합적인 방식으로 성장하여 더 효과적인 조절을 가능하게 한다. 아버지와 외적으로 연결하는 일련의 상호작용은 이제 아이의 뇌에서 내적 연결이 된다. 그런 다음에 어떤 어려움이 일어나면, 이제 내면화한 이 안정 모델이 개인적인 회복탄력성의 원천이 된다. 이제 이 아이는 열린 자세로 어려움을 대할 수 있으며, 일이 힘들어지고 예상대로 되지 않을 때에도 다시 일어서고 시도할 수 있다. 그것이 안정 애착을 가진 아이의 회복탄력성이다.

국제 안정 서클(Circle of Security International, COS)은 전 세계에 걸쳐 부모들에게 애착의 중요성과 지속적으로 함께 있어 주는 부모가 아이의 안정 서클을 확장할 수 있는 방법을 가르치면서 가정을 강화시키는 기관으로 이 과정에 대한 유용한 설명을 제공한다. COS에서 발간한 책 『안정 서클 개입(The Circle of Security Intervention)』에서 설명했듯이 아이의 안정 서클은 기초가 되는 두 가지 '공간', 즉 발사대와 안전한 항구를 부모가 제공할 때 확장된다. 안정 서클은 아이에게 폭풍 속에서 되돌아갈 수 있는 안전한 피난처를 확보함과 동시에 박차고 날아갈 수 있는 발사대를 제공함으로써 아이의 탐험을 지원한다.

안전한 항구에서 양육하며, 언제든 발사대를 박차고 날아갈 수 있도록

안정 기지를 가진 아이는 나이가 들어감에 따라 이런 과정을 삶의 여러 면에서 반복할 것이다. 유치원에 가는 첫날은 끔찍할 수도 있고, 교실에서 다른 아이들과 합류하기 전에 아버지와 함께 잠시 있어야 할지도 모른다. 하지만 다음 날에는 아버지와 더 짧은 시간 동안 머물 수도 있다. 그다음부터는 아버지를 더 빨리 놓아도 될 거라는 확신을 가진다. 왜냐하면 아버지가 끊임없이 자신을 위해 함께 있어 줄 것임을 그동안 반복된 경험을 통해 배웠기 때문이다.

자전거 타기를 배우고, 스포츠팀에 가입하고, 피아노 연주회에서 노래를 부르고, 밤을 새우는 캠프에 참석하고, 결국 대학에 갈 때까지 성장하면서 밖으로 향하는 각종 탐험을 통해

내성적인 기질의 아이는 자신감과 회복탄력성, 그리고 어렵고 무서운 장애물에 맞설 수 있다는 믿음을 발달시킨다.

아이의 안정 서클은 세상 안에서 안전하다고 느끼도록 도와주면서 계속 강화된다. 아이는 언제든 집(안정 기지)으로 돌아올 수 있다는 것을 안다. 그리고 그렇게 할 것이다. 아이는 안정 기지의 두 가지 구성 요소, 즉 믿을 수 있는 안전한 피난처와 지지하고 격려하는 발사대를 가지고 있다.

"아이들의 응석을 받아 주라는 겁니까?"

 걱정하지 말라. 아이에게 무조건적인 정서적 지원과 안정기지를 제공하는 것이 그들을 말랑하게 만들거나, 버릇없게 만들거나, 혹은 연약하게 만들려고 하는 것은 아니다. 그리고 특권의식을 갖게 하는 것도 아니다.
 부모들로부터 종종 듣게 되는 몇 가지 종류의 질문들이 있다.
 "세상은 힘든 곳이고 그들을 강하게 만드는 것이 내가 할 일입니다. 아이들의 응석을 받아 주는 것을 원하지 않습니다."
 걱정하는 마음 이면에 있는 두려움을 이해하지만, 마음을 좀 놓을 수 있게 해주겠다. 정서적 욕구를 빠르고 민감하며 일관되게 충족시키는 아이들은 누군가가 항상 함께 하지 않아도 무너지지 않을 것이다. 만약 무서워하는 다섯 살짜리 아이를 가끔씩 당신의 침대에서 자게 했다고 해서, 그가 나머지 평생 동안 거기서 자야 할 것이라는 의미는 아니다.

사실은 그 반대라는 것을 연구는 보여준다. 양육자가 몇 번이고 반복해서 자신과 함께 있어 줄 것이라고 믿는 아이는 자신의 편안한 자리 너머로 한 발 내딛도록 하는 자기신뢰를 갖기 위해 독립성과 회복탄력성을 개발한다. 아이는 그런 종류의 관심과 보살핌을 받지 못한 다른 아이들보다 더 용감하게 탐구하고 더 멀리 모험할 것이다.

그렇다. 언젠가는 어떤 이유로든 아이가 당신의 침대에서 자는 것을 허용하지 않는 결정을 내려야 할 때가 올 것이다. 그러나 정서적 욕구를 충족시켜주는 것이 어쩌면 아이에게 해로울 것이라는 두려움 때문에 그런 결정을 내리지는 말라. 아이를 응석받이로 키운다는 의미는 그의 모든 변덕에 굴복한다거나 그가 원하는 모든 물건을 사주는 것을 의미한다.

아이의 정서적 욕구에 주의를 기울이는 것은 어떤 것일까? 그것은 아이를 응석받이로 키우는 것이 아니다. 애지중지하는 것이 아니다.

이것을 조율 또는 연결이라고 한다. 그리고 아이가 성장함에 따라 세상에 나가 자신을 탐험할 수 있을 만큼 충분한 안정감을 갖게 만드는 것이다.

그것은 아이가 뭐든 마음대로 해도 된다는 특권의식을 갖고 연약하게 만들지 않는다. 회복탄력성을 갖게 만든다. 연구에 의하면, 아이가 충분히 안전하다고 느끼면 발달상 준비가 될 때 과감히 독립을 시도하게 될 것이지만, 준비되지 않은 상황에서 독립을 강요하는 것은 안전에 대한 반대의 경험을 하게 되어 오히려 더 큰 의존성을 유발할 수 있다고 한다.

정서적 일관성의 중요성에 대해 논의할 때 이와 관련하여 부모로부터 듣는 이의 제기는 아이에게 존중받는 것에 관한 것이다. 어떤 엄마는 종종 배우자가 아이의 행동 문제를 다루기 전에 아이와 연결하는 전략에는 반대한다고 말할 것이다.

그들은 이렇게 말할지도 모른다.

"아이들이 그렇게 부모를 함부로 대하게 놔두면, 부모를 결코 존중하지 않을 거에요. 때때로 아이에게 모질게 대해야 해요. 가끔은 소리를 지를 필요가 있어요."

우리는 아이들이 '부모를 함부로 대하게' 허용하지 말아야 한다는 의견에 동의한다. 관계에서 부모가 권위를 유지하는 것은 참으로 중요하다. 우리는 책 전체에서 그렇게 말했다.

그러나 과학과 경험에 근거한 우리의 입장은 부모가 관계를 우선시하고 자기 조절을 유지하면서도 권위를 유지할 수 있다는 것이다.

아이에게 존중받는 부모란

 부모가 소리를 지르고 반사적으로 명령하고 강요하며 스스로 통제력을 잃었을 때, 어떻게 아이로부터 존중받을 수 있겠는가? 당신이 자신의 감정에 책임지고, 사려 깊고, 신중하고, 차분하며, 공정한 마음을 유지할 때 존중받을 가능성이 훨씬 더 높다. 그것은 약점이 아니라 강점이다.

 선수들을 대할 때 침착함을 잃지 않는 유소년 야구단의 코치와 항상 아이들과 심판에게 버럭 화를 내고 소리를 지르는 코치를 비교하는 것과 같다. 후자는 그의 팀에게 지시를 내릴 때조차 두려움을 불러일으킬 수 있지만 대가를 치를 것이다.

 그러면 존중은 어떨까? 십중팔구 모든 조건이 같다면 아이는 자신을 있는 그대로 알아주고, 다른 아이들이나 다른 어른들과 어떻게 상호작용하고 싶어 하는지를 알고 있으며, 어떻게 굳건한 관계를 유지하는지를 아는 강하고 똑똑한 코치를 존경하고 심지어는 좋아하기도 할 것이다.

 더구나 당신이 좋아하지 않는 행동을 아이가 할 때 강요하기 위해 소리 지르는 것이 당신이 쉽게 하는 반응일 때, 특히 당신이 제정신이 아닌 것 같을 때라면 그런 관계에는 그에 상응하는 결과가 따를 수도 있다.

어쩌면 실제로 당장은 시키는 대로 하겠다는 약속을 받아내고 '문제 행동들'을 줄일 수 있을 것이다. 하지만 어떤 대가를 치르게 될까?

그것은 아이가 당신을 '존중'하게 되기보다는 당신에 대한 느낌, 그리고 아이가 뭔가를 공유하고 싶을 때 당신에게 갈지에 관해서 부정적인 방식으로 바뀔 수 있다.

다시 말하지만 당신이 가끔 아이들에게 목소리를 높인다고 돌이킬 수 없는 해를 입히는 것이라고 말하는 것이 아니다. 감정을 표현하는 것은 괜찮다. 때로는 목소리가 커지고 강해지기도 할 것이다.

여기서 말하는 요점은, 권위가 본질적으로 힘이나 엄격함에서 오는 것이 아니라는 것이다. 목소리를 높이지 않아도 아이의 존중을 유지하고 집안에서 권위를 유지할 수 있다. 다시 한번 말하면 언제나 그렇듯이 당신이나 아이에게 좋게 느껴지지 않는 방식으로 폭발하거나 일을 처리할 때, 관계를 훼손한 데 대해 가능한 한 빨리 사과하고 고치는 것이 중요하다는 점을 기억하라.

비록 어렵더라도 도전에 직면하고 장애를 극복하도록 허용해야 할 때가 분명히 있다. 아이가 강인함과 회복탄력성을 키우려면 한계를 정하고 아니라고 말해야 한다. 그러나 우리는 아이가 얼마나 많이 고군분투할 수 있을지를 결정할 때 분별할 수 있어야 하며, 그 과정에서 항상, 정말 항상 정서적 지원을 제공하길 바란다.

만약 그렇지 못할 때, 우리는 언제나 진심 어린 사과와 함께 이것을 고칠 수 있다. 그리고 우리는 성장과 아이와의 더 단단한 관계를 가져오는 방식을 배우려고 노력할 수 있다.

우리는 그들에게 참된 인간이 되며 연결을 형성하는 방법에 대한 역할 모델을 제공할 것이다. 그렇게 함으로써 아이가 자신의 삶에 대해 목적과 의미를 갖고 살게 하는 강인함과 독립심을 발달시키면서 아이가 의지할 수 있는 안전한 피난처와 발사대 모두를 제공하는 것이 된다.

긍정적인 스트레스, 견딜 만한 스트레스, 그리고 유독한 스트레스

아이들이 어려움에 직면했을 때 안정감을 갖도록 도울 수 있는 방법을 생각한다면 고려해야 할 한 가지 요소가 있다. 그 상황이 어떤 패턴의 스트레스인가 하는 것이다. 모든 스트레스가 나쁜 것은 아니라는 것을 알고 있는가?

실제로 연구자들은 긍정적 스트레스라는 현상에 대해 이야기한다. 과업을 수행해야 한다는 압박을 느낄 때 우리를 압도하거나 집어삼키지 않고 동기를 부여하는 방식으로 발생하는 스트레스를 말한다. 그런 스트레스는 시험을 치르기 위해 우리를 열심히 공부하게 하거나 압박을 받고 더 생산적이 되게 하거나 혹은 잘 수행하게 만들 수도 있을 것이다. 긍정적인 스트레스는 우리를 움직이게 하고 심지어 활기를 북돋워서 그러지 않았더라면 하지 못했을 수 있는 일을 완수하도록 자극할 수 있다.

더 도전적인 것은 견딜 만한 스트레스라고 불리는 것인데, 견딜 수는 있지만 본래는 유익하지 않은 압박을 말한다. 이것은 상황에 따라 긍정적이고 도움이 될 수도 있고 부정적이고 해로운 것이 될 수도 있다.

예를 들어 우리가 제공했던 안정 기지를 떠나는 것이 아이들에게 스트레스를 줄 수도 있다. 걸음마를 뗀 아기가 겁에 질려 자기에게 맞지 않은 놀이터를 가로질러 가는 것을 생각해 보라. 아기가 되돌아갈 수 있는 안전한 피난처를 부모가 제공할 때 그런 스트레스는 상대적으로 관리할 수 있는 상태에 있게 된다. 실제로 정글짐이라는 목표에 도달하면서 아빠와 미끄럼틀 사이의 거리뿐만 아니라 그 자신의 두려움도 극복했다는 점에서 긍정적인 힘이 될 수도 있다. 그때 아기에게는 가볍게 느껴지지 않지만 우리가 가벼운 스트레스로 보는 것을 겪었고 다른 측면에서 괜찮았다. 그가 경험한 스트레스는 실제로 그에게 유익하게 작용했다.

하지만 유아는 누군가가 그 스트레스를 견딜 만하도록 충분히 지원했기 때문에 이러한 스트레스를 견딜 수 있었다는 점에 주목하라. 사실 이것은 견딜 수 있는 스트레스의 필수적인 부분이다. 그것이 유익한 영향을 미치는지 부정적인 영향을 미치는지 여부는 그것을 다루기 위한 지원을 받는지, 그리고 개인적으로 얼마나 오랫동안 압박을 견뎌야 하는지에 달려 있다.

안정은 스트레스를 더 잘 견디게 한다

사람이 자신이 감당할 수 있는 것 이상의 것에 직면하거나, 혼자서 또는 너무 오래 그렇게 하도록 요구받을 때 해로울 수 있는 유독한 스트레스라는 것이 만들어진다. 그것은 발달, 인생 궤적, 그리고 삶의 질, 심지어 육체적 건강과 기대 수명을 포함한 것들에 중대한 타격을 미칠 잠재력이 있다.

이것은 앞에서 논의한 부정적 아동기 경험(ACEs)에서 비롯된 스트레스의 일종이다. 특히 아이의 삶에서 유독한 스트레스는 오랫동안 해를 입힐 수 있는 트라우마를 갖게 할 가능성이 있다.

다시 말하지만 특정 사건이 유발하는 스트레스가 긍정적인지, 견딜 만한지, 또는 유독한지를 결정하는 핵심 요소 중 하나는 그 스트레스를 경험하는 사람이 충분히 지원받고 있는지 여부이다.

안정 애착이 없다면 상대적으로 다루기 쉬운 스트레스 요인도 아이가 역경을 혼자 처리하도록 내버려 두거나 회복탄력성의 내적인 자원을 제공하는 안정된 작동 모델이 개발되지 않은 경우 유독한 범주로 이동할 수 있다.

하지만 안정 애착을 가지고 있다면 그것이 없을 때 해가 될 수도 있는 스트레스 요인도 견딜 수 있게 될 뿐만 아니라 심지어 긍정적이 되어 어쩌면 회복탄력성을 증진시킬 수도 있다. 자전거를 타고 언덕을 오르는 아이에 대해 이야기했던 1장의 비탈길 비유를 떠올려보라. 우리가 아이들에게 더 많은 안정을 제공할수록 아이들이 겪는 어려움은 유해한 스트레스와는 반대되는, 견딜 만하거나 긍정적인 스트레스를 만들 가능성이 더 커진다.

인생에서 때때로 유독한 스트레스가 주어진다는 것은 당연하다. 꾸준하게 함께 있어 주는 부모에게 안정된 애착을 형성한 아이라도 때로는 아이가 당해서는 안 되는 상황에 처하고 처리하도록 강요받는다.

안정 기지가 삶의 모든 가혹한 현실로부터 그들을 보호하지는 못한다. 고난 없는 삶을 보장하는 것은 아니라는 말이다.

그러나 네 가지 S는 보호하는 완충장치로서 도움을 줄 수 있다. 이것은 아이가 역경을 회복탄력성과 성장으로 바꾸는 데 도움을 줄 수 있다. 안전하지 않은 느낌은 유독한 쪽으로 이어지는 반면 안전함은 문제를 견딜 수 있게 해준다. 관심을 받고 있다는 느낌도 똑같이 작용한다. 그리고 진정되고 있으면 신경의 과다 각성에 대한 생리적 피해와 혼돈에 빠지는 것을 줄일 수 있다.

그것은 스트레스를 견딜 만하게 조절하는 데 도움이 된다. 다르게 말하면 네 가지 S가 역할을 하기 때문에 네 가지 F 반응들(싸움, 도망, 경직, 기절)이 그렇게 자주 일어나지는 않는다. 이것이 바로 안정 애착이 가지는 회복탄력성에 대한 모든 것이다.

안정 전략 1.
관계의 신탁예금에 투자하라

아이와 함께 있어 줄 때 당신은 아이와 신뢰를 쌓는다. 아이가 당신을 필요로 할 때 당신이 거기 있을 때마다 관계에 신뢰가 쌓인다. 그것은 마치 은행 계좌에 저축하는 것과 같다. 그것을 신탁예금이라고 부르자.

이러한 신뢰는 아이가 태어나는 순간부터 아이가 당신을 필요로 할 때 아기와 함께 있어 줌으로써 쌓을 수 있다. 아기는 자신이 안전하고, 관심을 받고, 진정되며, 안정을 느낄 수 있게 하는 당신의 도움을 필요로 한다. 아기에게 신속하고 민감하며 예측 가능하게 대응하고, 아기의 욕구를 충족시켜주고, 안아줌으로써 당신은 아기의 뇌 발달과 돌봄을 받을 것이라고 믿을 수 있는 능력의 측면에서 가능한 최고의 선물을 주는 것이다.

　사람들은 아기를 너무 많이 안아주면 버릇이 나빠질 것이라고 믿었다. 어떤 전문가들은 아기가 부모를 조종할 수 있다고 가르쳤다. 다행히도 과학은 그렇지 않다는 것을 증명했다. 이제 우리는 신생아는 조작할 능력이 없다는 것을 알고 있다.

　어쨌든 조작은 전전두피질을 필요로 하는 매우 정교한 기술이다. 전전두피질은 복잡한 사고를 처리하며, 발달하는 데 시간이 걸린다. 아기의 욕구는 단지 욕망이 아니라 욕구다. 우리가 아이가 필요로 하는 것을 주는 것, 즉 아이가 화가 났을 때 달래 주고, 배고플 때 먹을 것을 주고, 안아달라고 할 때 안아 주고, 피곤해할 때 잘 수 있도록 도와주는 것이 버릇없이 키우는 것은 아니다.

　어린아이가 필요로 하는 것에 주의를 기울이고 그것을 줌으로써 당신은 자신의 직감과 아이가 당신에게 전달하고 있는 것에 대한 이해에 더 자신감을 느끼게 된다. 그렇다. 때때로 어떤 아기는 더 '많이 필요할'(힘든, '강요하는' 또는 '버릇없는'이라는 말보다는 더 유용하고 정확한 표현이다) 수도 있고, 그런 경우에 아기는 단순히 차분함과 안전, 그리고 편안함을 느끼기 위해 더 많은 도움이 필요할 수도 있다.

아이가 당신을 필요로 할 때, 함께 있어 주고 거기에 있는 것이 아이가 성장함에 따라 두 사람 모두에게 도움이 될 안정기지를 구축하기 시작하는 방법이다.

새내기 부모들을 위한 간단한 메모

당신 또한 욕구가 있다! 때로는 당신도 잠을 자고 샤워하거나 혹은 자신을 위한 무언가를 하기 위해 다른 누군가가 와서 아기를 돌보도록 하는 것이 도움이 될 수 있다. 그리고 가급적이면 생후 6주 이전까지는 한 두 시간 정도 외출해서 아기 없이 식사를 하라. 이것은 당신의 기분을 다시 나아지게 하고 당신도 중요하다는 것을 상기시키는 데 큰 도움이 될 수 있다.

기억하라. 역사적으로 우리는 지원과 도움 없이 홀로 아기를 키우지 않았다. 진화의 역사에서, 그리고 그리 오래지 않은 과거에 세계의 많은 문화권에서 양육의 책임은 친부모가 아닌 몇몇 다른 사람과 함께 나누는 것이었다.

이것을 문헌에서는 '공동육아'라고 한다. 현대 문화는 종종 우리가 공동체 안에서 아이를 키우기 위해 발달시킨 이 중요한 방식을 지원하지 않는다. 따라서 당신 주위에서 믿을 수 있는 사람들을 찾고 필요한 휴식을 취할 수 있게 하는 것이 필요하다. 그는 당신의 친척이나 친한 친구 또는 아이를 돌보고 있는 이웃 사람일 수 있다. 당신 자신을 돌보고 에너지와 활력을 보충하라. 그런 휴식 후에 집에 돌아와 아기의 욕구에 다시 한 번 주의를 기울이는 것이 실제로 기쁨이 될 가능성이 클 것이다.

아기가 성장함에 따라 신탁예금을 더 추가할 수 있는 기회는 무한히 많을 것이다. 공원에서 두 살 난 아기는 누군가가 자기의 장난감을 가져갔거나 자신에게 공을 던졌을 때 당신이 필요할 것이다. 아기가 눈물을 흘리며 당신에게 올 때 당신은 신뢰를 쌓는 응답을 해줄 수 있다.

어쩌면 당신 자신이 양육된 방식에 따라 "울지 마. 괜찮아"와 같은 말을 하고 싶을 수도 있다. 이미 말했듯이 일부 학설들은 그러한 응답이 아기를 더 강하고 냉정하게 만들 것이라고 주장한다. ("아이는 언젠가는 배워야 합니다!"라고 말하면서)

그러나 이 논리에는 몇 가지 문제가 있다. 하나는 타이밍에 관한 것이다. 그렇다. 아이는 어느 시점에서는 세상이 고통스러울 수 있다는 것을 배워야 한다. 그러나 아이는 이제 막 단지 경험 자체로부터 그것을 배웠다. 그리고 태어나서 3년 동안은 뇌의 조절 회로가 발달함에 따라 내부 경험에 대한 부모의 조율이 아이 자신의 내부 상태를 조절하는 능력을 키우는 데 중요하다.

게다가 두 살 때 세상의 모든 가혹한 현실에 대면하는 법을 스스로 배워야 할까? 조금 더 오래 지원받으면 안 될까? 더구나 그가 곤경에 처했을 때 받는 메시지와 그가 부모에게 듣는 말, 즉 '감정을 표현하지 말라. 왜냐하면 너는 지금 진짜 고통스러운 게 아니기 때문'이라는 말을 생각해 보면 더욱 그렇지 않을까?

자신의 감정을 숨기라는 말뿐만 아니라 아이가 느끼고 있는 것을 믿지 말라는 말을 듣는 것은 상당히 강력한 이중고다. 아이는 '괜찮다'고 느끼지 않지만, 부모인 당신이 아이에게 괜찮다고 말하고 있으므로 아이는 당신을 불신하거나 자기 자신의 경험을 불신해야 한다.

우리는 이 점을 과장하고 싶지 않다. 당신이 "울지 마, 괜찮아"라고 말해서 아이의 감정 기능을 망치려는 것은 아닐 것이다. 그러나 아이가 큰 감정을 겪고 있고 안전하다고 느끼는 것이 필요할 때 그 메시지를 반복해서 듣는다면, 아이가 당신과 자신의 내면세계를 보는 방식에 중요하게 영향을 미칠 수 있다.

그리고 아이의 경험을 존중하고 세상에 대한 그의 관점에 긍정적인 방식으로 영향을 미치는 것을 상기하기 위해서는 언어에 약간의 변화만 주면 된다. 아이가 화났을 때 당신이 그에게 줄 수 있는 강력한 메시지는 이런 것이다.

"너는 안전해. 내가 여기 있단다. 넌 혼자가 아니야. 괜찮을 거야."

다음에 아이가 당신에게 달려와서 심하게 울고 두려워하거나 무언가에 대해 속상해할 때 그렇게 해 보라. 당신이 아이와 함께 있어 줄 것이고 두려워하지 않아도 되며 대신에 당신의 팔에 안겨 안전과 안정을 느낄 수 있다는 것을 아이의 신경계가 이해하기 시작할 때, 아이의 작은 몸이 이완되는 것을 느껴 보라.

아이의 경험에 대한 당신의 응답은 아이가 학교 갈 나이가 되고 십대가 되는 동안 계속될 것이다. 이것은 당신과의 애착 관계를 형성하고 그래서 관계와 세상에 대한 아이의 관점을 형성하게 한다. 아이가 사회 집단에서 소외되거나, 혹은 연극반에서 배역을 맡지 못하거나 또는 첫 이별을 경험할 때, 당신을 필요로 하고 그때마다 당신이 함께 있어 주면 당신이 아이의 신탁예금에 저축을 하는 것이 될 것이다.

이것은 당신과 관련 없는 아이의 개인적인 경험에 대해서뿐만 아니라 일상의 삶에서 실망과 좌절, 그리고 당신이 한계를 성공적으로 처리하지 못했을 때와 같은 당신들 두 사람 사이에서 일어나는 일에도 해당된다.

예를 들어 당신이 아이 이모 집에서 아이가 좋아했던 치킨을 먹지 못하게 한 것에 아이가 완전히 속상해하거나 TV 시청 시간이 다 끝나서 화가 났거나, 오빠가 "지금까지 내가 만난 사람들 중에 제일 귀찮은 사람이야!"라며 고함을 지를 때 등은 가족의 규칙과 한계를 존중하면서 우리가 공감으로 함께 있어 주는 신뢰를 쌓을 수 있는 기회이기도 하다.

당신이 "게임 시간이 다 끝났는데 게임의 딱 중간 단계에 있는 게 엄청 좌절감이 드는 것 같구나. 그게 힘들다는 걸 알아. 나도 내가 작업 중인 어떤 것을 중단시켜야 할 때 역시 좌절감을 느낀단다" 라고 응답할 때 당신은 신탁예금에 저축을 하고 있는 것이다. 다시 말하지만 당신은 항복할 필요가 없다. 단지 함께 있어 줘라. 그렇게 하는 것이 관계를 강고하게 만든다.

반면에 만약 당신이 함께 있어 주는 것을 힘들어 한다면 관계에 대한 신뢰는 심한 타격을 입을 것이다.

한 여성은 자신이 열네 살 때 고등학교 첫 파티에 참가한 것에 대해 이야기한 적이 있다. 그녀를 파티에 태워주었던 몇 살 많은 친구가 파티에서 술을 마시고 파티가 끝난 다음 그녀를 집으로 데려다주려고 했다.

그녀는 부모에게 전화를 걸어 어떻게 해야 하는지 물었다. 술을 마신 사람의 차는 타지 말아야 한다는 것을 알고 있었다. 하지만 자신들의 파티를 열고 있었던 어머니는 "그 언니가 여전히 운전할 수 있니? 그렇게 많이 마시지 않았다면 괜찮을 거야"라고 말했다.

지금 그녀는 이렇게 말한다.

"바로 그 순간이 제가 늘 알고 있다고 짐작했던 것을 정말로 확인한 순간이었어요. 내가 혼자였다는 것. 내가 필요로 할 때 부모님은 내 곁에 있어 주지 않을 것이라는 것을요."

짐작했겠지만 그때가 부모가 그녀와 함께 해주지 않은 유일한 시간은 아니다. 그녀는 인생의 여러 분야에서 성공한 성인으로 성장했지만 또한 결혼 생활에서 어려움을 겪었다. 그리고 이제 부모가 그녀에게 준 적이 없었던 안정 애착을 얻기 위한 고통스러운(그러나 중요한) 노력을 기울여야 한다.

어릴 때 그녀를 안전하게 느끼게 해주는 부모의 도움을 받아 안정 기지를 구축하는 대신 이제 성인으로서 스스로 안정 기지를 구축해야 한다.

이쯤에서 당신은 우리가 아이가 직면하는 모든 문제에 부모가 개입하고 해결해야 한다고 말하지 않고 있다는 것을 알아차렸을 것이다.

대신에 아이가 우리를 필요로 할 때, 심지어 그가 직면하고 있는 특정한 문제를 해결할 수 없거나 해결하지 않기로 선택할 때조차도 그를 지원하기 위해 거기에 있을 것이라는 확고한 믿음을 쌓기를 바란다고 말하고 있다.

그래서 관계의 신탁예금에 저축하는 방법을 찾아보라. 그렇게 할 때마다 당신은 아이의 안정 기지를 더 튼튼하게 할 것이다. 아이는 그때 견고한 발사대를 박차고 떠나 자기만의 모험에 나서고 자신감과 독립심을 더욱 발달시킬 수 있을 것이다.

안정 전략 2.
마인드사이트 기술을 가르쳐라

이 책과 이 장 전체에서 말했듯이 부모로서 주요한 목표 중 하나는 아이에게 안정에 대한 깊은 경험을 제공하여 스스로 안정을 찾을 수 있는 수준에 이르도록 하는 것이다.

우리는 마지막 전략으로 아이가 안정을 더 많이 느낄 필요가 있을 때 스스로 자신과 함께 있을 수 있도록 당신이 가르칠 수 있는 방법 중 몇 가지 예를 제시하고자 한다. 우리가 쓴 모든 책에서 아이가 이런 식으로 스스로 할 수 있다는 것을 알려주는 것이 중요하다는 점을 강조했다. 왜냐하면 아이에게 그 자신뿐만 아니라 다른 사람의 마음도 더 잘 이해하게 하는 마인드사이트라는 선물을 제공할 때, 우리는 아이에게 개인으로나 다른 사람들과의 관계 등 모든 면에서 의미와 중요성으로 가득한 삶을 사는 기회를 주는 것이기 때문이다.

아이가 자신의 마인드사이트를 자신이 안전하게 느끼는 데 도움이 되고 자신이 진정으로 누구인지 본질을 이해하고 알아보는 데에 사용하든, 혹은 강렬한 감정이 갑자기 일어날 때 자신을 진정시키고 그린 존으로 돌아가는 데 사용하든 이런 기술들은 아이에게(뿐만 아니라 성인에게도) 매우 강한 안정 상태에 언제든지 접근할 수 있고 그것을 더욱 발달시킬 수 있는 수단을 제공한다.

감정의 파도를 타거나 잠수하거나

예를 들어 어떤 아이는 자신의 마인드사이트 기술을 사용하면서 주도권을 갖고 인생에서 어려운 순간의 고통스러운 영향을 실제로 줄일 수 있다. 우리가 아는 한 엄마는 아들에게 중학교에 들어가기 전 마인드사이트 기술을 어떻게 가르쳤는지 이야기해 주었다.

아들과 함께 해변으로 갔던 여행에서 막 돌아왔을 때였다. 엄마는 아들에게 서핑을 하는 동안 파도에 그냥 얻어 맞기보다는 그 밑으로 들어가는 방법을 가르쳤다. 아들은 아주 즐거워했고 특히 강한 파도가 머리 위에서 부딪힐 때도 수면 아래 물이 얼마나 고요한지를 알고 놀라워했다.

  엄마는 아들에게 삶에서 우리에게 일어나는 사건들이 파도와 비슷하다고 설명했다. 어떤 것들은 즐겁지만 어떤 것은 그렇지 않다. 그리고 아들은 그 거친 파도 밑으로 머리를 숙여 그 아래 고요함을 찾는 법을 배웠듯이 사건들이 삶을 힘들게 하려고 위협할 때 은유적 의미로 똑같이 할 수 있었다.

  아들은 파도가 나타나 자신에게 다가올 때 그것을 지켜보며 알아차릴 수 있었다. 아들은 "무서운 파도가 밀려와서 걱정돼"라고 말할 수도 있고, "이 파도는 좀 슬프다. 이게 내 느낌이야"라고 말할 수도 있다. 그런 다음 아이는 그 파도 아래로 잠수하고 다시 수면으로 올라오기 전 자신의 머리 위로 파도가 지나가도록 하는 모습을 시각화할 수 있었다.

  엄마는 아들이 스스로 내면에서 고요함을 찾을 수 있는 몇 가지 다른 간단한 방법들과 함께 그에게 이런 종류의 시각화, 즉 가만히 있으면서 호흡에 주의를 기울이기, 바닥에 누워 한 손을 배에 그리고 다른 손을 심장에 두기, 내면이 고요하게 될 때까지 밖에 나와 앉아 하늘을 가로지르는 구름에 집중하기 같은 것들을 가르쳐 주었고, 그들은 함께 이 기술들을 연습했다.

그 엄마는 아들이 불안, 긴장, 두려움 또는 그 밖의 다른 어떤 부정적인 감정을 느낄 때면 언제라도 아이가 이해할 수 있도록 도와주기 위해 함께 작업했다. 아이가 해야 할 일은 자신 안으로 들어가 고요함을 찾기 위해 다양한 마인드사이트 기술을 사용하는 것이 전부였다.

자신의 느낌을 부정하는 것이 아니라 그 느낌을 잃지 않고 유지하는 것이다. 아이는 이런 전략이 필요할 때면 언제든지 그 방법들을 쓸 수 있었다. 자신을 제압하려고 위협하는 파도 아래로 잠수해 들어가 자신 안에서 평화와 안정을 찾을 수 있었다.

그 엄마가 아들에게 설명했던 것처럼 아이에게 이렇게 말할 수 있다.

"저기 물 밑, 그게 진짜 너야. 파도는 항상 거침없이 쳐들어오려고 하지. 때로는 재미있는 방식이지만 때로는 그렇지 않아. 그것은 마치 해변과 같아. 파도는 해변을 향해 계속 밀려들어올 것이지만 넌 선택할 수 있어. 네 마음속의 고요한 자아가 두려움이나 슬픔의 파도에 휩쓸리게 둘 필요는 없어. 핵심적인 너는 네 안에 있는 고요한 공간이고, 네가 행복하든 슬프든 원할 때 언제든지 거기에 갈 수 있어."

당신도 아이에게 비슷한 마인드사이트 기술을 가르칠 수 있다. 당신이 없을 때에도 아이가 자신의 안정을 얻기 위해서 자기 마음을 사용하도록 힘을 실어 줄 수 있다. 이때 아이는 위험하거나 압도하거나 불안하거나 슬픈 파도가 자신을 덮치는 것을 살펴볼 수 있고, 그 파도에 정면으로 얻어맞는 대신 아래로 잠수해 들어가서 자기 내면의 평온함을 찾을 수 있다.

그러나 우리가 파도 아래로 잠수하는 법을 알든 모르든 파도는 계속 올 것이다. 어떤 것은 모든 일을 올바르게 처리할 때에도 우리를 강타할 것이다. 그래서 아이가 나이듦에 따라 이 은유를 확장하고 좀 더 세련되게 할 필요가 있다고 강조할 수 있다. 예를 들어 아이에게 가르칠 수 있는 중요한 교훈은 파도를 있는 그대로 바라보고, 그것이 자신의 핵심 정체성이 아니라 일시적인 정서적 사건으로 인식하게 하는 것이다.

그런 것들은 우리 삶의 한 부분으로 일어나는 경험들이다. 그것은 우리의 본질이나 전체가 아니다. 아이가 괴롭힘을 당하고 무서워한다고 해서 아이가 삶의 모든 영역에서 희생자라는 의미는 아니다. 어떤 학생이 시험 성적이 좋지 않다고 해서 나쁜 학생이라는 의미는 아니다. 그런 것들은 단지 그의 삶에서 일어나는 정서적 사건일 뿐이다. 그 사람의 핵심 정체성, 그 안에 있는 평온한 장소와는 아무 상관이 없다.

아이에게 자기 삶의 사건과 내면의 경험을 분리할 수 있는 힘을 주는 마인드사이트 기술을 가르칠 때, 그것은 또한 감정에 관한 핵심 진실을 가르치는 것이 될 것이다. 즉 느낌은 중요하고 분명히 인식해야 하는 것이기는 하지만, 또한 그런 것들이 우리 삶에서 그리고 하루 종일 계속 흐르고 변하고 있다는 것도 인식해야 한다.

물론 아이에게 자신이 느끼고 있는 것에 주의를 기울이도록 가르쳐야 한다. 느낌은 삶을 드러내고 의미를 부여한다. 감정을 부정하지 않길 바란다. 우리 안에서 무슨 일이 일어나고 있는지 아는 것은 중요하다.

그러나 또한 아이가 자신의 느낌에 과도하게 반응하지 않도록 가르치길 바란다. 부모로서 현존을 배운다는 것은 아이에게 압도되지 않으면서 그의 느낌을 수용할 수 있는 우리 자신의 내면에 공간을 만든다는 것을 의미한다.

우리는 마인드사이트 기술을 활용하여 그 느낌의 홍수에 잠겨버리지 않고 실제적이고 중요한 느낌들을 알아차릴 수 있는 방법을 모범적으로 보여줄 수 있다. 아이가 자신이 느끼는 것에 대한 우리의 열린 태도를 볼 때 아이 또한 그런 감정에 휩쓸리지 않고 자신의 내면 상태를 수용하는 방법을 배울 수 있다.

아이는 느낌이 파도와 조류처럼 계속 변할 수 있다는 것을 우리에게서 배운다. 그리고 바다에서처럼 무슨 일이 일어나고 있는지를 알아차려서 솟아오르는 파도에 떠밀려가거나 얻어맞아 쓰러지지 않게 되길 원한다.

고통스러울 때 아이에게 고통조차도 알아차림 안으로 가져올 수 있고, 거기서 뭔가 배울 게 있다는 것을 가르치는 것은 우리가 가르칠 중요한 마인드사이트 기술이다. 아이는 그의 고통이 영원히 계속되지 않는다는 것을 배우는 것이 정말 강력하다는 것을 알 수 있다. 그렇다. 감정의 파도가 계속 밀려오고 있지만 서핑을 하거나 그 아래로 잠수하는 법을 배울 수 있다.

우리는 감정이란 곧 지나가며 다른 것으로 변한다는 것을 아이가 알고, 멋진 순간을 즐기고 고통스러운 순간을 견디는 법을 이해하길 바란다.

댄은 최근 라디오에서 다음과 같이 말하는 아버지와 인터뷰를 했다. 바쁜 어느 날 그가 어린 딸에게 조급해 했을 때, 아이의 언니가 그에게 와서는 "동생에게 무엇을 느끼라고 말하지 말고 동생의 느낌에 대해 대화를 하려고 해보세요"라고 말했다는 것이다. 아빠가 이 현명한 큰딸에게 어디서 그런 걸 배웠는지 물었다. 큰 아이는 서점의 어린이 코너에서 우리의 책 『내 아이를 위한 브레인 코칭』에서 읽었다고 말했다. 그는 그

주말에 그 책을 샀지만 아직 읽지 않고 있다고 했다. (그는 그 후 그 책을 읽었다.)

아이도 우리에게 가르칠 수 있는 것이 많다. 가족 각 구성원의 마음을 보려고 스스로를 상기시키는 데 열린 태도를 갖는 가족은 모든 사람이 자기 내면의 삶과 가족 안에 각 구성원들의 삶에 대해 더 현존할 수 있는 사랑의 환경을 제공한다. 마인드사이트는 가족 구성원 각자의 주관적인 경험을 존중하는 것이 안정 애착의 핵심에 있는 일종의 정서적 통합을 키운다는 것을 우리에게 상기시켜 준다.

이 모든 교훈과 안정을 키우는 방법은 당신이 아이에게 가르칠 수 있는 몇 가지 간단한 마인드사이트 기술에서 비롯된다.

아이가 파도와 조류의 은유를 이해하고, 호흡에 주의를 기울이는 것을 배우고, 자기 삶의 사건들을 자신들의 정체성과는 별개로 보는 것을 도와줌으로써 아이가 스스로에게 안정을 제공하는 뇌 연결 도구를 갖게 될 것이다.

물론 그는 여전히 당신에게 의존할 것이다. 하지만 그는 안정으로 이끄는 내부 자원을 찾아야 할 때 그것을 항상 이용할 수 있다는 것을 알게 될 것이다.

> 부모의 자기 이해와 회복

나는 나에게 4가지 S를 주고 있는가?

　당신은 자신의 삶에서 얼마나 안정감을 느끼는가? 관계에서 정기적으로 당신이 안전하다고 느끼고, 관심을 받고 있으며, 진정되도록 도와주며, 당신을 깊고 심오한 안정으로 인도하는 사람이 있는가?

　그리고 아이가 그것을 배우도록 지금까지 논의해온 네 가지 S 방식을 당신 자신을 위해서 스스로에게 제공하는 것을 얼마나 잘하고 있는가?

　우리는 주변 사람들에게는 안전과 관심을 주고, 진정시키고, 안정을 느끼도록 돕는 데 정말 잘하는, 돌보는 역할을 하는 많은 성인들이 정작 그 자신과 친구가 되고 자신을 돌보는 데에는 그렇게 능숙하지 않다는 것을 발견했다.

　"바로 지금 나에게 필요한 것은 무엇인가?"라고 묻는 것은 일반적으로 그가 자신에게 묻는 질문이 아니다.

　대신에 다른 사람들을 돌보기로, 심지어 자신을 희생시키면서까지 하는 질문이다. 지금 당장 다음 질문들에 대해 시간을 가지면서 천천히 생각해보라.

　이 질문들은 안정에 대해 당신이 어렸을 때의 전반적인 경험들과 또한 지금 성인으로서 당신이 필요로 하는 돌봄과 연민을 당신 자신에게 제공할 때 당신이 얼마나 좋은지 생각해 보고, 그런 다음 똑같은 것을 당신 아이에게 제공하는 경험에 대해 생각해 보라는 것이다.

① 당신은 어렸을 때 얼마나 안정감을 느꼈는가?

② 당신의 부모가 당신을 위해 최선을 다한 것은 처음 세 가지 S(안전, 관심, 진정) 중 어느 것인가?

③ 당신의 부모는 어떤 부분에서 더 잘할 수 있었는가? 당신을 안전하게 지켜줬더라면 하고 더 바라는 것이 있다면 무엇인가? 더 관심을 받고 싶었거나 진정시켜주었기를 바라는가?

④ 당신의 부모는 당신이 다른 사람에게만 의존하지 않고 당신 자신 안에서 안정을 찾을 수 있는 능력을 발달시키도록 당신을 도와주었는가? 아니면 당신 혼자서 해내도록 내버려 두었는가?

⑤ 당신 인생의 지금 단계에서 당신 자신과 함께 있어 주는 일을 더 잘하기 위해 당신이 할 수 있는 것은 무엇인가?
네 가지 S로 당신 자신을 샤워함으로써 어떻게 더 큰 안정을 당신 자신에게 제공할 수 있는가?

6 아이는 어떤가? 그가 일관되게 안전하고 관심을 받고 진정되는 것이 필요할 때 그것들을 느끼는 데서 오는 안정을 발달시켰는가? 당신은 아이의 욕구에 빠르고 민감하며 예측 가능하게 응답했다고 생각하는가?

7 당신이 아이 가까이에 있지 않을 때에도 그가 자기 내면의 안정을 발달시키기 위한 기술을 쌓을 수 있도록 도울 수 있는 방법을 찾고 있는가?
안정 기지로서 당신은 어떤가? 견고하고 지지력이 있는 발사대로서는 어떤가?

8 오늘 지금 당장 아이가 이미 느끼고 있는 것보다 안정감을 더 많이 느끼도록 돕기 위해 당신이 할 수 있는 한 가지는 무엇인가? 그것은 아이가 더 안전하다고 느끼도록 돕는 것과 관련이 있을 수 있다.
혹은 당신이 성적이나 성취, 당신의 기대 등으로 아이를 너무 몰아붙이고 있는 것처럼 느끼고, 아이는 자신이 있는 그대로 관심 받지 못하고 포용받지 않는다고 느낄 수도 있다. 아니면 가까이에 있으면서 진정시키는 존재가 되는 것만으로도 당신이 아이를 도울 수 있는 어떤 것이 있는가?
안정을 향한 작은 한 발이 큰 차이를 만들 수 있다.

과거는 운명이 아니다

장담하건대, 당신에게 멀게 보이던 길이 순식간에 당신 앞에 다가와 있을 것이다.

당신의 사랑스러운 아이는 사춘기로 성장했고, 이제는 대학 1학년생이다.

당신은 그것을 상상할 수 있을까?

이 아이가 새롭고 흥미진진하고 두려운 삶의 단계를 시작할 때 어떤 느낌이 들까? 아이의 어린 시절 동안 아이가 안전하다고, 관심을 받는다고, 진정시켜준다고 느끼게 믿을 만한 도움을 줬다고 상상해 보라. 그리고 아이가 열여덟 살이 될 무렵 자신의 내면에서 그와 같은 지지를 찾을 수 있는 안정을 발달시켰다고 상상해 보라. 아이는 여전히 당신을 많이 필요로 하고 배울 것이 많지만, 이 무렵이면 필요할 때 다른 사람에게 손을 내밀고 자신의 내적 자원에 의지하여 네 가지 S에 접근할 수 있는 방법을 알 것이다.

안정 기지에서 새로운 세계로 나아가는 아이

아이는 집을 떠나 어려운 순간을 만날 때 자신을 진정시키는 방법을 알게 될 것이다. 아이가 어린 시절 상처를 받을 때마다 당신이 P-E-A-C-E (현존, 참여, 애정, 차분함, 공감)를 제공함으로써 문자 그대로 상처에 응답하는 것을 보았을 것이다. 그런 종류의 상호 진정시키기를 경험했을 것이고, 관계에서 그것의 중요함을 알 것이다. 그리고 향수를 느끼고, 마음의 고통을 경험하고, 두려움과 불확실성을 경험하고, 이 새로운 단계의 독립을 얻는 데 따라오는 다른 도전들을 겪을 때 필요한 내면 진정시키기를 스스로 제공하는 방법을 알게 될 것이다.

요컨대, 당신이 수년 동안 아이의 발달을 도왔던 안정 기지에서 나와 새로운 세계로 나아갈 것이다. 아이가 놀이터에서 두려움에 떨며 당신으로부터 멀어졌을 때 당신이 보고 있다는 것을 알았기 때문에 안정의 원을 점점 넓혔던 것처럼 자신의 삶에서 중요한 이 순간에도 똑같이 그렇게 할 것이다.

그리고 아이였을 때와 마찬가지로 필요로 할 때 당신이 함께 있어 주고 안전하게 돌아갈 수 있는 피난처를 제공해 줄 것이라고 확신할 것이다. 아이는 여전히 많은 실수를 할 것이고, 그 몫의 고통을 경험하겠지만, 안정된 장소에서 경험할 것이다. 당신은 평생 지속될 안정의 내부 작동 모델을 개발하는 데 도움을 주었다. 아이가 당신이 함께 있어 주는 것이 필요할 때 당신에게 손을 내밀고 당신은 그에게 응답했던 것처럼 당신이 여전히 그렇게 할 것임을 확신하면서 첫 번째 수업에 참석하고, 새로운 친구들을 만나고, 새로운 캠퍼스를 탐험할 것이다.

그리고 삶에서 친구, 멘토, 연애 파트너 등과 같이 건강하고 안정 애착 인물이 될 수 있는 다른 사람을 찾을 수 있다는 것을 알게 될 것이다. 그것이 건전한 상호 의존이다.

과학은 이러한 안정을 위해 당신이 완벽할 필요는 없다고 확인해 주고 있다. 당신은 아이와의 모든 상호작용에서 완벽한 보살핌을 제공하지 않을 것이다. 그러나 피할 수 없는 불화가 발생할 때마다 당신이 믿을 수 있게 반복해서 고치면서 네 가지 S를 제공함으로써, 아이는 평생 동안 번성하고 번영할 수 있도록 허용하는 방식의 미래를 창조할 것이다.

우리가 여기서 분명히 했으면 하는 것은 과거 당신에게 무슨 일이 일어났든 간에 당신은 아이들을 위해 이런 종류의 미래를 만들 수 있다는 것이다.

과거는 운명이 아니다. 연구가 강력하게 밝히고 있는 것은 우리에게 무슨 일이 일어났든 간에 과거가 우리의 발달을 어떻게 형성했는지를 이해하는 데 시간을 투자한다면 우리는 우리가 되고 싶은 사람, 그리고 그런 부모가 될 수 있도록 스스로를 자유롭게 할 수 있다는 것이다.

이 애착 과학은 엄청나게 희망적이다. 우리가 어떻게 양육되었든 상관없이 아이들에게 안정 애착을 제공할 수 있다고 거듭해서 증명하고 있다.

더구나 과거를 성찰하고 우리의 과거 경험을 이해하는 힘든 작업을 하는 것만으로도 우리 자신의 삶에서 안정 애착을 얻을 수 있다. 우리가 어디에서 왔고 그것이 현재 우리에게 어떤 영향을 미치는지에 대한 일관된 이야기를 할 수 있을 때 우리는 우리가 되고 싶은 부모가 되기 위한 분명하고 강력한 조치를 취할 수 있다.

우리가 아이들의 뇌와 신체에 강한 연결의 성장을 어떻게 형성해 줄 수 있는지에 대해 지금 가지고 있는 이 지식으로 아이들을 키우는 것은 얼마나 멋진 시간인가!

　우리가 여기서 제시한 아이디어들이 아이들에게 줄 수 있는 최고의 선물이라는 것을 확신하길 바란다.

　왜냐하면 아이들이 오래 지속되는 회복탄력성을 키우고 충만하고, 연결되고, 의미 있는 삶을 살 수 있도록 하는 내적 자원과 대인관계 기술을 발달시키는 데 당신이 도움을 줄 것이기 때문이다. 여러 가지 방식으로 아이들을 위해 함께 있어 주는 법을 배우는 것은 그에게 그의 삶 그 자체와 온전히 함께 있을 수 있는 기술을 가르친다. 우리가 이보다 더 좋은 선물을 줄 수 있을까?

당신이 원하는 부모의 모습이
될 수 있다는 선물

    이 책은 21세기 자녀 양육의 핵심이라고 할 뇌과학(애착 과학과 대인관계 신경생물학)을 바탕으로 한 최고의 새로운 양육서라고 할 수 있습니다. 이 책을 번역하게 된 계기를 이야기하려면 나의 과거를 짧게나마 소개해야 될 것 같습니다.

    나는 청년 시절 사회에 본격적으로 발을 내딛은 때부터 '사람들이 서로 존중하며 상호의존하는 평화로운 세상이 어떻게 가능할까'에 대해 깊은 관심을 가졌습니다. 이러한 바람은 종교적인 실천에서 시작하여 노동운동으로 옮겨가면서 30년 넘는 시간 동안 치열한 삶으로 이어져 왔습니다.

    그러던 중 '비폭력대화'를 알게 되면서 사회의 변화는 결국 자기 변화로부터 시작되어야 한다는 평범한 진리를 깨닫게 되었습니다. 비폭력대화 강사로서 많은 사람들을 만났고 특히 힘든 삶을 살아가는 사람들의 이면에는 어린 시절의 양육이 중요하게 작용하고 있다는 사실을 발견하면서 '양육'에 대한 공부를 하게 되었습니다.

수많은 양육 관련 서적을 읽고 공부하던 중 애착 과학과 대인관계 신경생물학에 근거한 과학적인 자녀 양육법을 주장하고 실제 부모교육에 적용한 오랜 경험을 가진 대니얼 시겔과 티나 브라이슨이 펴낸 새로운 양육서를 읽게 되었습니다.

저자들은 "아이를 키우는 '하나의 진정한 마법'을 제공하는 단순한 공식이나 소위 마법의 특효약 같은 것이 있다는 생각은 피하려고 한다"고 했지만 사실 이 책에는 자녀 양육에 관한 마법이 담겨 있다고 생각합니다.

모든 부모의 가장 큰 소망 중 하나는 자녀를 안정된 어른으로 성장시키는 것입니다. 이 책은 부모가 아이를 안전하게 지키고 관심을 주고 진정시켜 '안정'이라는 가장 소중한 보물을 갖게 하는 방법을 가르쳐 줍니다. 비록 부모 자신이 어린 시절에 그런 경험을 못했다하더라도 그럴 수 있다는 것입니다.

현대의 삶은 갈수록 분화되고 개인화되어 가면서 아이들에게도 심각한 영향을 미치고 있습니다. 치열한 경쟁에서 살아남는 법을 가르치기에 급급하다 보니 아이들은 정작 진정한 내면의 힘을 키우는 데 필요한 따뜻하고 적절한 사랑을 경험하지 못하고 있습니다.

이제 막 걷기 시작한 아이를 어린이집에 보내면서부터 부모와의 연결은 점점 멀어지고, 그러한 환경에 적응하기 위한 처절한 생존 게임에 들어서는 현실에서 부모는 어떻게 아이의 내면에 안정된 애착을 단단하게 만들어 줄 수 있을까요?

따뜻한 양육에 대한 허기 속에서 아이들이 그들의 삶에서 정말 필요로 하는 것을 부모들이 어떻게 채워줄 수 있을지에 대한 단순한 진실을 이 책을 통해서 얻을 수 있을 것입니다.

함께 있어 주는 쉽고 간단한 핵심

애착 이론의 창시자인 존 볼비는 "양육자는 완전할 필요가 없다. 그저 함께 있어 주면 된다"라고 했습니다. 그러나 어떻게 해야 하는지 쉽게 알려주는 안내서는 찾기 힘듭니다. 이 책은 부모가 아이와 함께 있어 주는 방법에 대해 쉽고 간단하면서도 핵심을 정확히 짚어 줍니다. 아이가 세상에 나가 어떤 역경을 겪더라도 거듭 일어서서 도전하며 다른 사람과 편안한 관계를 맺고 자신의 진정한 주인으로 살아가고 결국 자신의 분야에서 진정한 성공을 이룰 수 있는 능력을 키워 주는 것. 부모가 아이에게 줄 수 있는 선물로 이보다 더 큰 것은 없을 것입니다.

이 책은 그것에 대한 안내서입니다.

그렇다고 이 책이 단순히 아이의 양육에 관한 것만은 아닙니다. 아이를 잘 키우려면 먼저 부모 자신이 안정 애착을 가질 필요가 있습니다. 부모가 먼저 안정적이어야 한다는 말입니다. 그것이 가능하다는 것을 뇌과학은 분명히 밝혀주고 있고, 이 책에는 그 구체적인 방법을 안내합니다. 그저 시간을 내서 따라 하면 되도록 안내합니다.

이 책은 지금 당신이 어떤 부모이든, 당신의 과거 어린 시절이 어떠했든 당신이 진정으로 되고 싶은 부모가 될 수 있다는 것을 거듭해서 강조하고 있습니다. 이 책을 읽어 나가는 동안 당신은 그렇게 변해 갈 것입니다.

부모교육에 혼신을 다하는 사람으로서 감히 단 하나의 양육서를 추천한다면, 단연코 이 책을 추천합니다. 이 책을 번역할 수 있게 된 것은 저에게도 커다란 영광입니다. 함께 이 책을 번역하면서 기꺼이 마음을 내 주신 김순희, 김쌍희, 박민서, 박현경 선생님들에게도 이 영광을 나누고 싶습니다.

함께 있어 주라 (현존의 4S)

관심 (Seen)
가슴으로 연결 (공감)
(관찰 · 느낌 · 욕구)
타이밍 · 공간

진정 (Soothed)
상호 위로
차분해지기 위한
'자기 진정' 기술

안정 애착 (Secure)
안정 기지
(자기 연결 · 자기 위로)
질적인 관계 발달

안전 (Safe)
해로운 환경에서 보호
두려움 · 위협이 되지 않기

고치고, 고치고, 고친다(!)